JN043744

最速で結果を出す

# 超タイパ仕事術

越川慎司

小学館

最速で結果を出す
# 超タイパ仕事術

## 800社17万3000人の AI行動分析でわかった
## 仕事の無駄を絶つ35の方法

Stop wasting time and let's improve
our work time performance.

# はじめに

この本を手に取っていただいた、あなた！
あなたはがんばっているから大丈夫！　がんばりすぎないでください！
がんばりすぎずに、無駄をやめましょう！

毎日の仕事で「これ、本当に必要？」と思うことはありませんか？　結論の出ない会議が続き、上司の修正指示が繰り返されて資料作りは遅々として進まない。ため息をつきたくなりますよね。本書を読めば、それらのことを解消できるようになります。

**本書で紹介するのは「無駄な会議を減らす」「必要のない資料作りをやめる」「無理なスケジューリングを見直す」といった具体的なアクション**で、それらを実践すれば「無駄」を絶つことができ、仕事のタイムパフォーマンス＝タイパを大きく高められるのです。

私が経営する会社クロスリバーでは、８００社以上の企業に対し、働き方改革の支援を行なっています。**各社には必ず「成果を出し続ける社員」がいて、彼らの行動分析を行な**

**ったところ、本書で紹介する無駄を絶つ習慣を身につけていることがわかりました。**

ある営業職の会社員は以前、彼が持っている顧客リストのすべてに毎日連絡を取っていました。それは彼の日課であり、成功するために必要なことだと信じていたのです。そのため、本来なら売り上げの大部分を占める重要な顧客への対応に注力しなければならないのに、時間とエネルギーを集中させられませんでした。そんな彼は「顧客リストのすべてに毎日連絡する」という無駄を絶つ決意をし、その分の時間とエネルギーを重要な顧客に当てたことで、営業戦略が根本的に変わり、営業成績は劇的に改善されたのです。

ほかにも、無駄を絶つ習慣を身につけて、プロジェクト管理の効率が大幅に向上し、予定よりも早くプロジェクトを完了させたプロダクトマネージャーもいます。

彼らのように**無駄を絶つことで時間とエネルギーを最大化すれば、最速で成果を出すことができます**。無駄に気づき、無駄を絶ち、より生産的で充実した日々を送れるようになることを心から願っています。

それでは、本書とともに「無駄をやめる旅」をトゥギャザーしましょう！

（ちなみに私はルー大柴さんの親戚です）

## 第4章 無駄をやめられる35の秘策〈行動編①〉

## 第5章 最速で結果を出す組織の習慣〈行動編②〉

# 第1章

# 「すべて重要」の意識が不要を生む

## 〈データ編〉

企業に存在する
資料と会議は
無駄だらけ!

この章では「すべてが重要」であるという思考が、どのような無駄を生み出してしまうのかについて、具体的なデータを交えながら説明していきます。

ビジネスの現場でよく見られるのが、すべてのタスクやプロジェクトを同じように重要だと考えて、満遍なく力を注ごうとする光景です。しかし、このような取り組み方だと、本当に重要な事柄に時間やリソースを集中させられません。

例えば、ある中堅の製造業の会社で実施された調査では、社員が80％の時間を20％のタスクに投資することで、全体の成果が35％も向上しました。これは「パレートの法則」に当てはまる結果であり〝20％のタスク〟が重要だと判断し、集中して行なうことが〝80％の結果〟を左右するというわけです。タスクの量を闇雲に増やしても成果につながるわけではないことを、肝に銘じるべきでしょう。

このような調査や再現実験をもとに、８００社以上のクライアント企業で行なわれていた「結果につながらなかった作業」について、明らかにしていきたいと思います。

## よかれと思って作ったページの81%は読まれない

1・9万人の調査と再現実験で驚くべき事実が判明しました。提出する相手に気遣いをして、相手に怒られないように作成した、いわゆる「忖度ページ」の81%は相手に読まれていませんでした。

この結果は、ビジネスにおける重要な教訓を私たちにもたらしました。それは、相手に対する過度な気遣いのせいで、自分の意図やメッセージを十分に伝えることができない可能性があるということです。

提出物を作成する際、私たちは相手がどのように反応するかを予測し、怒られたり非難されたりしないように注意を払いがちです。しかし、そのような努力が実際には無駄になっていたのです。

なぜこのような現象が起きるのでしょうか？

それは、相手の期待や考えを推測することが難しいからです。人はそれぞれ異なるバックグラウンドや経験を持っており、同じ文章や表現に対して異なる反応を示すことがあります。したがって、私たちが相手にどんなメッセージが伝わってほしいのかを明確にすることが重要なのです。

無駄な資料作りを回避するためには、遠慮や忖度のために使われがちな曖昧な表現や間接的な言葉遣いを避けるべきであり、率直かつ明確なコミュニケーションを心がけることが求められます。

また、相手が提出物をほとんど読んでいないことは、作り手自身の責任でもあります。相手が情報を受け取り、理解するための体裁や文脈を整えることが必要です。文章が長すぎたり複雑すぎたりすると、相手の読む意欲が失われる可能性があります。相手が関心を持ち、読む価値のある情報を提供することが重要です。

では、どのようにすれば相手に対して効果的なメッセージを伝えることができるのでしょうか？　まず、自分の意図を明確にすることが重要です。「何を伝えたいのか」「どのような反応を期待するのか」などを明確に意識しましょう。

次に、適切な情報を選択し、シンプルでわかりやすい言葉で表現しましょう。冗長な表現や専門用語を避け、相手が理解しやすい文章で情報を提供することが大切です。

さらに、相手の関心やニーズに焦点を当てるのもポイント。相手が何に興味を持ち、何を求めているのかを把握し、それに応じたメッセージを伝えるようにしましょう。

無駄な資料を作らないようにするためには、何より相手との対話が欠かせません。単一方向のメッセージではなく双方向のコミュニケーションを促し、相手の意見やフィードバックを積極的に求めて、戻ってきた回答を柔軟に受け入れる姿勢を持ちましょう。

そのようなことを念頭に置きながら相手とのコミュニケーションを心がければ、より良い関係が構築され、相手に読まれる「無駄ではないページ」を作ることができるはずです。

よかれと思って作ったページの81%は読まれないという事実は、私たちに相手へのコミュニケーションの重要性を再確認させてくれました。**過度な気遣いや忖度が、意図した効果を生み出す邪魔になる場合があります。**率直かつ明確なコミュニケーションを心がけ、相手との対話を大切にすることで、より良いビジネス関係を築くことができるのです。

## 重要だと思っていた書類の88%は不要だった

クロスリバーの調査では、我々が日々の仕事を行なう時間の多くが、実は必要のない書類作りに消耗されているという事実も判明しました。あなたが苦労して作成し、送付した書類の88%は、相手にとって実際には必要ではなかったのです。

アトキンソン財団では、イギリスの労働者が週に約1・9時間を不要な書類作りに費やしており、年間で約2週間分に相当するとのレポートを公表しています。例えば、ミドルマネージャーとエグゼクティブの役職者は、直接的な収益に結びつかない内部の報告や行政の手続きに、多くの時間を費やしています。マッキンゼーの調査では、マネージャー職のビジネスパーソンが週の約30%の時間を、報告書作成やデータの入力に使っているとされています。

どうして我々はこんなにも多くの不要な書類を作成し続けているのでしょうか？多くの場合は「安全運転の一環」として、または「組織のプロセスに従わざるを得ない」ために行なわれています。しかし、クロスリバーの調査やアトキンソン財団のレポートを鑑みると、そのような習慣やプロセスが実際には効率性を損ない、余計な仕事を生み出しているを言わざるを得ません。

では一体、どのようにすれば、我々の時間をより効果的に使えて、本当に必要な書類のみを作成できるようになるのでしょうか。その答えは、書類作成に関する我々自身の意識と行動の変革にあります。まず、自分が作成する書類が本当に必要かどうかを評価する習慣をつけることが重要です。これには、自分の意図や目的を明確にし、それらに対して書類がどのように寄与するのか考えることを意味します。もし書類が目的の達成に寄与しないなら、その書類は本当に必要なのか疑問を持つべきです。

また、自分が作成する書類が相手にとって本当に価値があるのかを考えることも重要です。相手の立場やニーズを念頭に置き、作成する書類がどのように役立てられそうかを、よく考えるようにしましょう。もちろん、作成に費やされる時間と労力が書類の価値に見合っているのかを考えることも重要です。

ただし、そのようなスタンスを貫こうとしても、組織のプロセスやルールにより、多くの書類を作成せざるを得ない場合があります。そのような状況を解消するためには、組織全体としてプロセスやルールを見直す必要があり、各メンバーは自分たちの作業について反省し、改善する意欲を持たなければならないでしょう。

**我々が日々のビジネスで過ごす時間をより効果的に使うためには、自分自身の行動や組織全体のプロセスを見直すことが欠かせません。**そして、それは我々一人ひとりが、自分の行動を見つめ直し、より効率的で価値のある仕事を追求することから始まります。

我々が苦労して作成する書類の88％が必要なかったという驚くべき事実は、我々がどれだけ無駄な労力を使っているかを示しています。それを改善するためには、自分の行動を見つめ直し、本当に必要なものだけに集中することが求められます。それが、効率的にビジネスを進めるための道です。

# 68%の

## 企業では
## 会議の半分以上が
## 「会議のための会議」

クロスリバーのクライアント企業218社を対象に会議の実態について調査をしたところ、68%の企業・団体において実施されていた社内会議の52%は「会議のための会議」でした。

「会議のための会議」とは、次の会議の準備として議論をしたり、会議の結果を議論したりするための話し合いのことです。

「会議のための会議」は連鎖的に生じる傾向があります。例えば、プロジェクトの進行状況を共有するための会議が行なわれること自体は一般的です。しかし、会議の結果を別の会議で詳細に共有し、さらにその結果をもうひとつの会議で報告しようとすると「会議のための会議」がどんどん増えていきます。

このような連鎖的な会議は、会議そのものが目的となりがちです。本来達成すべきタスクの実行や目標の達成からかけ離れていき、各会議の出席者や議題の範囲が広がることで、組織全体の時間がどんどん奪われてしまいます。

また「会議のための会議」の一例として、全員がすべてを把握する必要がないにもかかわらず、全員が参加しなければならない会議も挙げられます。情報共有を目的とした会議は、多くの場合、全員がすべての情報を必要としているわけではありません。不要な情報を聞くために時間が費やされることで、本来なら時間を割くべき重要な業務がおろそかになるなど極めて非効率的です。

「会議のための会議」に時間を費やしてしまうことは、結果として会社が本来取り組むべき戦略的な課題やビジネスの目標達成に必要な業務から、我々の注意を逸らすことになります。この結果、我々の業務は生産的なものから離れていき、仕事の意義と生産性が薄れてしまうのです。

「会議のための会議」はメンバー同士がコミュニケーションを図れる機会ではあるものの、生産的な回答を得ることは難しいと言わざるを得ません。なぜなら「会議のための会議」の多くは、話し合う目的や目標を欠いているためです。会議に出席する人々が何を達成すべきなのか明確に理解していない場合、生産的な成果を出すことは不可能でしょう。

「会議のための会議」の問題点などをふまえ、会議そのものの意義や意思決定のプロセスを考え直してください。会議を開催する目的、実施したことで得られる具体的な効果、そしてビジネスの目標達成に会議が本当に必要なのかどうかを、参加メンバーは理解しないといけません。**会議は重要なツールであり続けますが、実施する内容や目的を常に点検し、適切に開催されなければならないのです。**

ちなみに、アメリカのコンサルティング会社Bain & Companyが発表したデータによると、組織における業務時間の約15%が会議に費やされているそうです。同じくコンサルティング会社のマッキンゼーによる調査では、マネージャーは業務時間の約35%を会議に費やしているという結果が出ました。こうした統計も鑑みながら効率的な会議運営の心がけで、無駄な時間を削減し、組織全体の生産性を向上させるようにしましょう。

# 「メール見ていますか？」というメールが、企業の97%に存在する

２０２１年のハーバードビジネスレビューの報告によると、平均的な知識労働者は１日のうち約28％の時間をメールの確認と返信に費やしているそうです。これは１日の約２・６時間をメールの処理に割いていることを意味します。

　このように膨大な時間を費やすメールのやりとりにおいても、無駄な作業が発生します。クロスリバーが３８６社を対象に調査したところ「メール見ていますか？」というメールが97％の企業に存在していたことが判明しました。

　私たちのコミュニケーションは一方通行になりがちです。メッセージを送る側は、メールの内容が相手に適切に受け取られ、理解され、そして行動に移されることを期待してしまいます。しかし、それらのすべてが必ずしも実現するわけではありません。

そのことについて認識している人が少ないからこそ、自分が送ったメールへの返事がないことに対して「メール見ていますか？」といった、いわば時間の無駄ともいえるメールが、多くの企業に存在しているわけです。この問題を解決するためには、まずメールのメリットやデメリットを改めて評価し、その有効性と効率性を検討する必要があります。

そもそもメールを通じたやりとりでは、情報のニュアンスやコンテキスト、そして時には情報の意図が伝わりにくくなります。特にビジネスでやりとりするメールの量は膨大で、重要なメッセージが埋もれてしまい、見落とされる可能性もあるのです。

「どの情報がメールで共有するのに値するのか」「どの情報ならほかのコミュニケーションツールよりも適切に共有できるのか」を改めて理解することが重要でしょう。

次に、チーム内でメールの使用に関する明確なガイドラインと期待値を設定することを検討すべきです。これには、メールの宛先の選定、メールの内容と形式、そしてメールへの適切な応答スピードなどが含まれます。

また、ほかのコミュニケーションツール、例えばビジネスチャットやオンライン会議など、より直接的で1対1のコミュニケーションを可能にするツールの使用も検討するようにしましょう。これらのツールは、メールよりもリアルタイムでのコミュニケーションが可能で、より効率的かつ効果的に情報を共有することができます。

最後に、メールを通じてコミュニケーションを行なう場合でも、常に双方向のコミュニケーションを促す方法を見つけるべきです。例えば、メールへの迅速な返信を期待するのであれば、メールの終わりに質問やフィードバックを求めるなど、様々なやり方によって改善可能です。

「メール見ていますか?」というメールを多くの人が送ってしまっている現状を、**ビジネスにおけるコミュニケーションの改善や、情報のやりとりを効率化するためのきっかけとしてとらえましょう**。メールはコミュニケーションツールの一部であること、そしてそれを最大限に活用するためには、その効果を見つめ直し、適切な活用方法を確立する必要があるのです。

## 上司が部下に「元気?」と声掛けしている企業の月平均残業時間は 50時間超

テレワークという働き方の選択肢が増えましたが、チームが分散するとコミュニケーションが取りづらくなります。出社していないと目の前の部下にすぐに声を掛けることもできません。

また、久々に職場で会うと気を遣って、気軽に声を掛けることができない上司もいます。

会話もせずに業務を進めるだけでは、同僚たちと良好な人間関係を維持することができず、共同作業がうまくいかないこともあるのではないでしょうか。

しかし、クロスリバーが２３８社のクライアントに行なった調査で「元気?」という声掛けが、長時間労働を生む要因のひとつになっていたことがわかりました。

例えば、調査対象の中にあった製造業の企業では「元気？」という声掛けが社内の日常風景になっていました。社員が出社すると、上司が一人ひとりに対して「元気？」と尋ねて「はい、元気です」と全員が答えるのが日課でした。しかし、その会社では月平均残業時間が50時間を超えるという、長時間労働が当たり前になっていたのです。この現状について詳しく調査したところ「元気？」という声掛けが、実は疲労困憊でも作業を続けさせる原因のひとつだという事実が明らかになりました。「元気？」という声掛けに対して「はい、元気です」と無意識に答えてしまう社員が多く、本来なら休むべき状況でも「元気」だと自己申告してしまい、疲労を無視したまま働き続けることが常態化していたのです。結果として作業ミスが増え、修正のための残業が増えてしまいました。

その一方、同じく調査対象だったIT企業では、全く異なる状況が見受けられました。こちらの企業では一般的な「元気？」ではなく「体調はどう？」といった声掛けが行なわれていました。結果として、その会社の月平均残業時間は20時間程度。体調を気遣う文化が浸透し、助け合いによって残業を抑えていたのです。

「体調はどう？」と尋ねることで、社員は自分の健康状態や精神状態をより具体的に伝えやすく、そのことが社員の健康を保ち、長時間労働の抑制につながったそうです。

この調査結果から、「元気？」という一見問題なさそうな漠然とした声掛けが、実は長時間労働を生む要因のひとつであることがわかります。

また、逆に「体調はどう？」といった具体的で社員に寄り添うコミュニケーションを行なうことで、社員一人ひとりが自己管理の意識が高まるとともに、働きやすい環境を作り出すことができるという示唆を得ることができました。

これまでに支援させていただいた８００社以上のクライアントには優秀なリーダーが必ずいて、どのような状況でもチーム力での成果を出し続けます。

そして彼らは「対話こそチーム力の源泉である」と豪語し、部下との１対１の対話（１on１トーク）を定期的に行なっています。対話を重ねることで共感

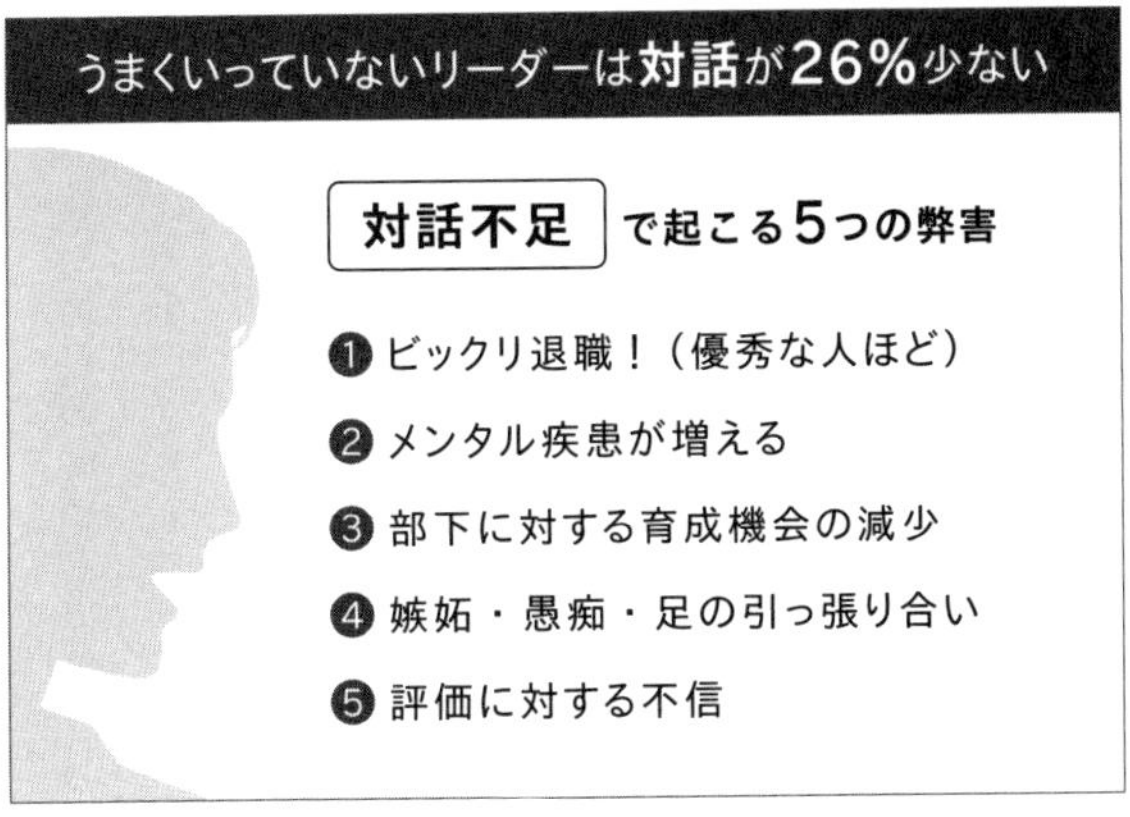
うまくいっていないリーダーは対話が26％少ない
対話不足 で起こる5つの弊害
❶ビックリ退職！（優秀な人ほど）
❷メンタル疾患が増える
❸部下に対する育成機会の減少
❹嫉妬・愚痴・足の引っ張り合い
❺評価に対する不信

し合い、共創関係を作っているのです。

しかし、ただ対話をすればよいというものではなく、上司が部下に対して気さくに声掛けをすれば対話が始まるわけではありません。2・4万人の一般社員を対象に匿名のアンケートを取ったところ、意外なことに「元気？」とカジュアルに声掛けをされると、テンションが下がるそうです。しかも、中堅中小の小売業、大手製造業、ＩＴベンチャー企業をはじめとする8社の場合、こうしたカジュアルな声掛けをしている上司の組織では、ほかの組織よりもエンゲージメントが低い傾向にあることもわかりました。

また、部下12人を抱えるリーダーは、よかれと思って「元気？」と積極的に声掛けを始めたところ、適当に声を掛けていると勘違いをして雰囲気が悪くなっていったそうです。

このように「元気？」の声掛けがもたらす、一見すると意外に思われる調査結果から、**相手に興味を示して、より具体的にコミュニケーションを図るべきだとわかりました**。その結果、より効果的な対話ができ、メンバーのエンゲージメントを向上させることができます。「体調はどう？」という声掛けから始まるコミュニケーションが結果的には離職率に影響を与え、より生産的な組織を作るための鍵となるのです。

コラム
1

## 「この資料を1分見てもらえますか？」で「差し戻し」を89％減らした（小売業　20代社員）

百貨店の企画職に就く20代の女性は、上司からの度重なる作り直しの指示でうんざりしていました。仲の良い同期入社の友人と毎晩のように飲みに行き、上司の愚痴を語ってストレスを発散させていました。深酒をしてしまった翌日、早く帰宅して休みたいとの思いから、提出しなくてはいけない報告書を一発ＯＫで乗り越えようと考えました。

勇気を出して上司に「進捗20％ぐらいですが、1分だけ見てもらっていいですか？」と、ドラフト資料を差し出したのです。すると上司は驚いたように眉をひそめた後、予想外の反応を見せました。「この段階で確認するのは初めてだけど、（内容は）いいね。これなら、間違いを訂正する苦労も時間も減るし」と提案を受け入れてくれたのです。

それまでは進捗１００％の状態まで作成してから上司のチェックを受けるようにしていましたが、大幅な修正が必要になるケースが多く、その都度、膨大な時間とエネルギーを浪費させられていました。それなら「進捗20％といった初期段階で上司の意見を取り入れ

れば、修正の規模が小さくなるかも」と考え、実際に作業効率は向上したといいます。

このような成功体験から「早めにフィードバックを受けることの重要性」を学んだ彼女は、新たなプロジェクトを始めるたびに、定期的な途中経過の確認を上司から得るようにしています。その結果、彼女の作成する資料の「差し戻し」は89%も減少。上司も彼女も、その変化に驚きました。

このエピソードから私たちが学ぶべきことは「完璧なものを作り上げてから他人に見せる」ことにこだわらず、**途中経過をチーム内で積極的に共有することで、無駄な作業を減らすことができる**という点です。また、自分の考えが間違っている場合、それをいち早く指摘してもらうことで、大きな間違いを未然に防ぐことができます。

彼女の場合、途中経過を上司と共有することで、自分が考えていた方向性が正しいのかどうかを、早めに確認することができました。これにより、修正が必要な場合でも、その規模を小さくすることができ、作業効率を大幅に向上させることができたのです。

進行中の作業を初期段階からできるだけチーム内で共有し、個人はもちろん、組織全体の作業効率を向上させるようにしましょう。

# 第2章

# 「やめる」ための心構え（マインドセット）

## 〈準備編①〉

無駄を生む原因は
〝思考の傾向〟
にあり!

この章では「無駄なことをやめてタイパを高める」という行動を実践するうえで念頭に置きたい、心構え（マインドセット）について紹介します。「やめる」という言葉は「後退」や「失敗」のように聞こえるかもしれません。しかし、それは全く違います。「やめる」ことは、自分のエネルギーを効果的に使うための重要な手段であり、賢明な決断です。

「やめる」ことの価値は、新しく何かを始める機会を生みやすくする点にあります。すべてのタスクに関わろうとすると、新しいチャンスに対応する余裕が生まれません。経験のない新たなチャレンジを始めるためには、現状のタスクを見直し、必要なものとそうでないものを区別し、そうでないものを「やめる」勇気が必要なのです。

しかし「やめる」ことは決して容易なことではありません。それはこだわりやプライド、そして他人からの評価にも影響を与える可能性が高いためです。だからこそ、「やめる」ための〝マインドセット〟が必要なのです。

心構えを持つことで、「やめる」はもはや「後退」や「失敗」ではなく、新たな一歩となります。そしてその一歩は、自分自身、そしてチームの成長につながっていくでしょう。

# 「ノーシーボ効果」

## 「やめられない」という思い込みをやめる

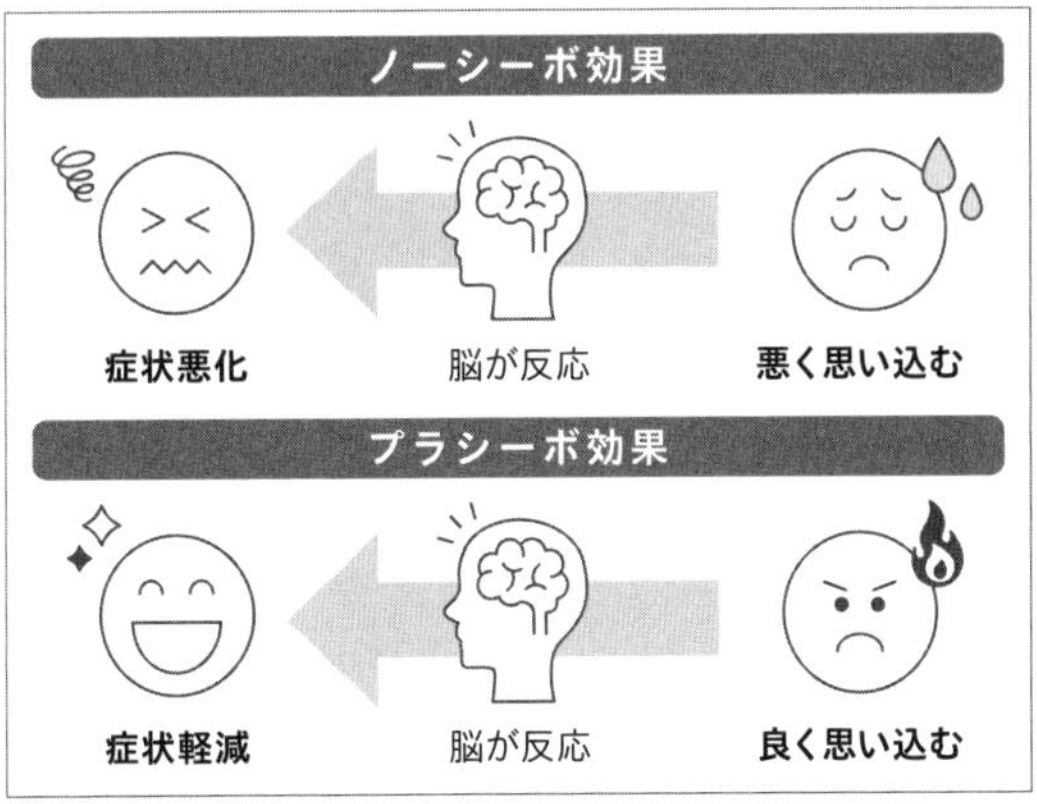


「ノーシーボ効果」は、私たちが自分自身に対して持つネガティブな思い込みが、健康にネガティブな影響をもたらすことを指します。偽りの治療でも肯定的な思い込みを行なうことで、心や体にプラスの効果が生まれる「プラシーボ効果」とは真逆の現象です。

思い込みは「心理学的な信念」「自己認識」そして「社会的な要因」によって形成され、我々の「行動」「認識」そして結果としての「我々の体験」に大きな影響を与えます。特に「心理学的な信念」は強力で、一度抱いてしまうと変えるのが難しいほど固定的なものです。

中でも「やめられない」という思い込みは、例えば「欠席したら叱責されたので会議に出席することを〝やめられない〟」という具合に、過去の経験や困難、そして失敗から生じることがほとんどです。そのような思い込みが自分の行動を制限し、新しい機会を見逃してしまうというネガティブな効果をもたらすことを理解しておかなければなりません。あなたが、とある行動を「やめられない」と思って継続してしまうのは、あくまでも自分自身の決定であり、選択した行動は結果的として自分自身の経験になります。

逆にいえば「やめられない」という思い込みを手放して「プラシーボ効果」のようにプラスの思い込みを抱くようにすることが、第1章で挙げた「無駄」を絶つうえで、とても重要です。過去にとらわれることなく新たな視点を持つことで、新しい選択肢を見つけることもできます。

**「やめられない」という思い込みをやめることは、自己制限の壁を打ち破り、自分の人生を自分自身でコントロールするための重要な一歩となります。**自分自身の限界を超えて、新しい可能性に向けて進むことができるようになるでしょう。

# 『70点主義』

## 完璧を目指すのではなく着実に進歩する

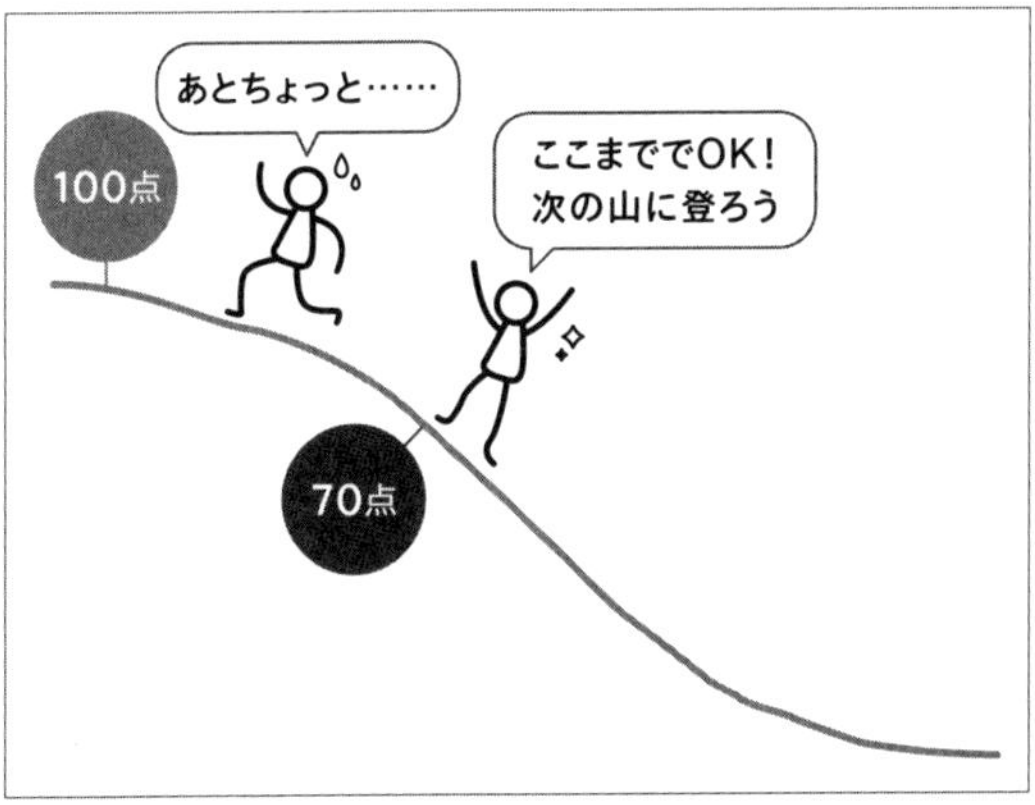


１００％の完璧な仕事を追求しようと、一生懸命に働いたことが一度はあるのではないでしょうか。もちろん、それを目指して実現できるのは理想的です。しかし、そこには罠があります。

１００％の完璧さを追求するあまり、心身ともに疲弊してしまいかねません。挫折した時の反動も、より大きなものになるでしょう。そのようなことを鑑みて念頭に置いてほしいのが、「70点主義」という考え方です。

「70点主義」は、１００％の完璧さを求めるのではなく、70％程度の「良さ」で満足するという考え方です。少なくとも70％の努力をし、最善を尽くした結果として満足する姿勢を意味します。残りの30％に相当する時間とエネルギーは、そのほかの重要なタスクやプロジェクト、または自己啓発やリラクゼーションなどに投資します。

「70点主義」を念頭に置くことで「自分自身に対して厳しすぎる必要はない」と、少しだけ肩の力を抜くことができます。自己受容と満足感を促し、より健康的なワークライフバランスを維持することにもつながるでしょう。

失敗を恐れることなく新しいチャレンジをする勇気を与えてくれるのも「70点主義」をおすすめする理由です。１００％を追求すると失敗が怖くなり、リスクを冒しにくくなるものです。しかし「70点主義」なら、完全な成功を求めるプレッシャーから解放され、新しいアイデアを試したり、新しいスキルを学んだりする余裕も生まれます。

これは、ビジネスの世界で特に重要な考え方です。新しいプロジェクトやアイデアを実現させるには、**完璧さを求めるよりも、失敗を恐れずに行動を起こすことが大切です**。そして、その行動が70％の良さを達成した時点で成功と見なすことができます。成功とは、常に１００％の完璧さに基づくものではなく、むしろ行動と進歩に基づくものなのです。

# 『現在思考バイアス』

## 「いつか」ではなく「今」やめる

「いつかやる」とは、行動や決断を延期する便利な口実として使われます。たくさんの可能性を約束する言葉であるがゆえに、結局「やらない」につながってしまうのです。

そのため「いつか」を控えめにして「今」を強調するという「現在志向バイアス」をうまく活用しましょう。

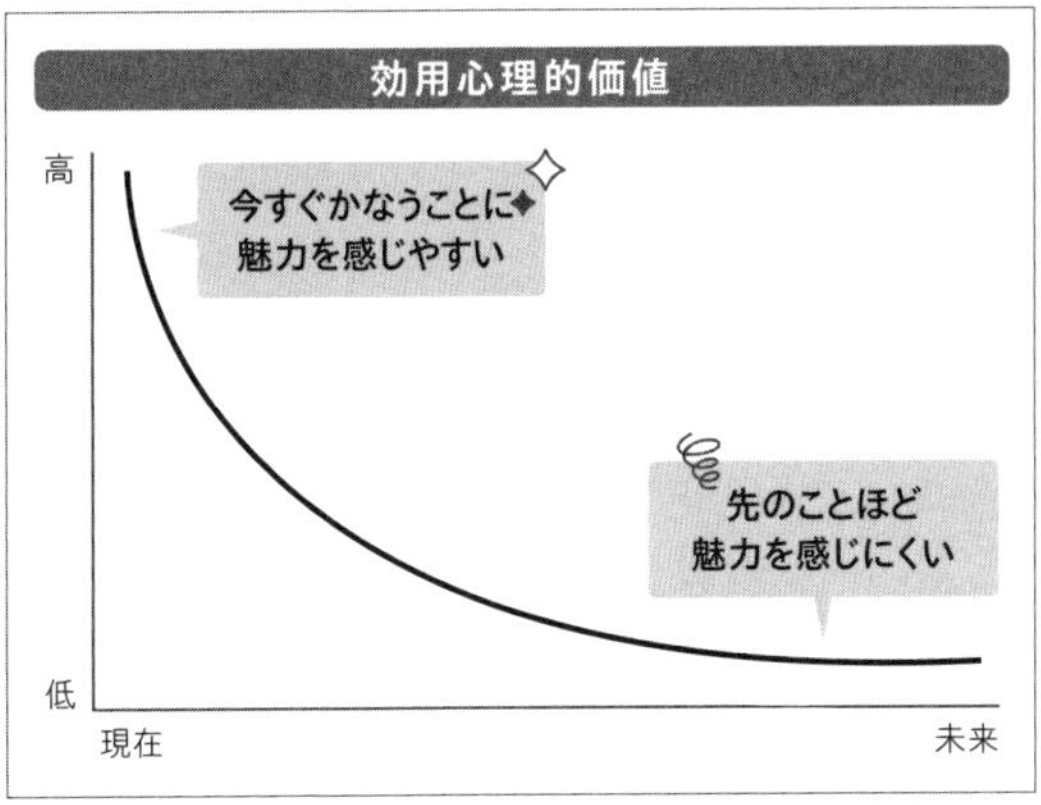


「現在志向バイアス」とは、現在の状況に重きを置き、直接的な結果を生む行動を取りやすくすることを意味します。これは遠い未来に向けて行動するよりも、現在の課題に対して優先的に行動を

起こす考え方です。

例えば「いつかは新しいスキルを習得する」と考えている場合、その「いつか」が一体いつになるのか、はっきりとしません。それに対して「今週は毎日30分、新しい言語を学ぶ時間を設ける」という目標を設定すれば、具体的な行動が明確になります。これは「現在志向バイアス」の力を利用したものです。

新しいプロジェクトを始める際にも「現在志向バイアス」は有効です。『いつか』始める」よりも『今』すぐに始める」ことで具体的な行動を起こせば、結果的には成功への道筋を切り開くことにつながります。

これらの視点から考えると**「現在志向バイアス」は、具体的な行動を促し、目標達成に向けた道筋を確立する強力な道具となります。**「いつか」ではなく「今」を最大限に生きることで、あなたが望む未来は自然と形成されていくのです。

ただし、時として「現在志向バイアス」はデメリットに働く場合もあります。「現在の自分」を優先して「未来の自分」を先送りしがちな例を解説しましょう。

あるレポートの締め切りが1週間後だとします。それに取り組むことが最善の行動であるのにもかかわらず「現在志向バイアス」が働くと「現在の自分」はレポート作成が面倒であると感じ、その代わりとして簡単にすませられるタスクに手をつけてしまいます。結果的にレポートの作成は遅れ、締め切りのギリギリになってしまう。これは「現在志向バイアス」がもたらす悪影響の一例です。

自分自身の能力や状況を過大評価してしまうことも「現在志向バイアス」がもたらす悪影響のひとつといえます。「現在の自分」が過去の成功体験に引きずられ、現在のタスクに対する能力を過大評価してしまう現象です。そのことにより、自分が本来できる以上のタスクを抱え込んで余計なストレスが増え、結果的に無駄な作業が増えてしまいます。

「現在志向バイアス」によって、日々行なっている無駄な習慣に気づかないこともあります。「現在の自分」はその無駄な習慣に慣れてしまい、それが普通だと思い込んでしまうわけです。例えば、毎朝長い時間をかけてメールを確認したり、気分転換のためにSNSをボーッと眺めてしまったりするなどの行為は、無駄な習慣といえるでしょう。

「現在志向バイアス」を正しく作用させるためには、次に紹介する3つのステップをおすすめします。これらを念頭に置きながら日々の業務に取り組むことによって、無駄な作業を削減できるはずです。

**[ホップ]「未来の自分」を想像する**

これから行なうタスクが未来の自分にどんな影響を与えるのかを想像しましょう。例えば、レポートの締め切りに余裕がある時に「現在の自分」は別のタスクを優先しようとします。しかし「未来の自分」を想像すれば、レポートを先送りにした結果、締め切り日に慌てて作業をするストレスを認識でき、レポートの作成に取り組めるようになるのです。

**[ステップ] 自己評価を客観的に行なう**

自分が行なった作業や達成した結果を振り返り、自分の能力を正確に評価しましょう。過去の成功体験だけでなく失敗体験も忘れないようにすれば過大評価を防げます。自分の能力を鑑みて、ゴールから逆算してしっかりと段取りが組めるのです。

**［ジャンプ］日常的な習慣を見直す**

自分が日々、何に時間を使っているのかを把握しましょう。そうすれば無駄な習慣に気づけるはずです。例えば、スマホでのメールチェックやSNSの閲覧行為は、思った以上に時間を取ってしまうことがあります。

さらに、約2万人の行動実験によって立証された「いつか」ではなく「今」やめるための具体的なアクションを紹介しましょう。

行動を早める具体的なトレーニング方法として、まずは行動の遅延につながっている原因を列挙します。それぞれに対して「すぐに行動に移す」ために必要な対策を考え、方針を明確にしましょう。また、自己暗示も効果的です。資料作成の際に「1分以内に書き始める」といった具体的な目標を設定し、行動開始の自己暗示を行ないます。これらの方法により、すぐに行動を始めることを自分に刷り込めるのです。

**タイパ仕事術を極めるうえでは、初動を早めることが必要不可欠です。**意識を変えるのではなく、初動が早まる仕組みを構築しましょう。

# 「エビングハウスの忘却曲線」

## 「忘れていたこと」は捨てる

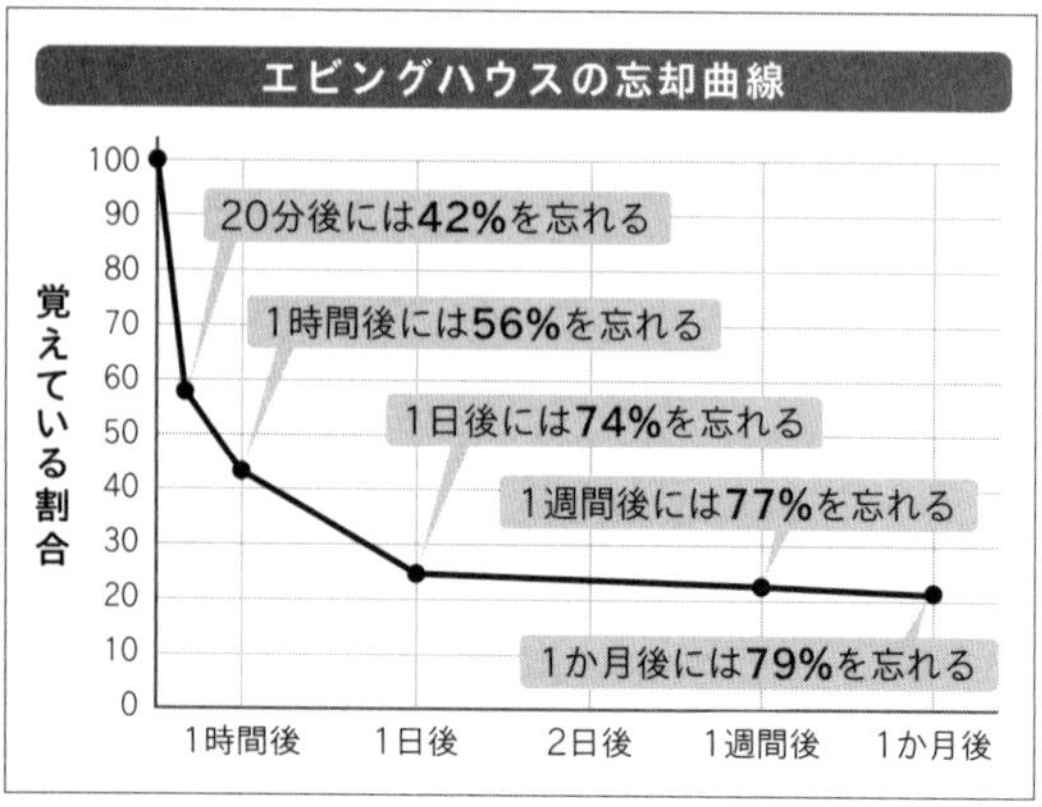


「エビングハウスの忘却曲線」とは、19世紀の心理学者、エルマン・エビングハウスによって提唱された理論のこと。上のグラフのように、新しい情報を学んだ後、時間の経過とともに忘れていく割合を描いたものになります。

情報に関する記憶は、情報を得た直後は鮮明ですが、1か月後には79%を忘れてしまうという上のグラフのように、時間が経つにつれて急速に薄れていきます。覚えておきたい情報を記憶し続けるためには、一定のリピートや復習が必要であり、それがなければ自然と忘却へ向かうわけです。

この「エビングハウスの忘却曲線」から得られる知見は「忘れていたこと」は捨てるという提言です。

我々の脳は、無意識のうちに情報の取捨選択を行なっています。忘れることは情報処理の一部であり、それ自体が一種の効率化といえます。取り込んだ情報のすべてを記憶してしまうと、情報量が増えるほど思考が混乱し、覚えておかなければならない重要な情報を見落としてしまうこともあります。だからこそ、私たちは自然と重要度の低い情報を忘れ、必要な情報だけを保持するように進化してきたのです。

しかし、現代社会では情報があふれ返り、取捨選択が難しくなってきました。その結果、無意識のうちに重要な情報でも忘れてしまうことがあります。これに対する解決策のひとつに挙げられるのが、脳に負担をかけずに情報を管理できる外部ツールの活用です。

例えば、スケジュール管理やメモの各種アプリを使うと、頭の中に情報をため込む必要がなくなります。予定やアイデアを入力して控えておけば、忘れてしまってもすぐに思い出すことができるのです。これにより、脳は重要な思考に集中しやすくなり、より高いパフォーマンスを発揮することができます。

さらに、情報の取捨選択を効率化するためには、情報を取り込む際に必要性を意識することも有効です。一日中情報に触れ続ける現代社会では、情報の必要性に応じて時間を費やすことが重要であり、自分にとっての必要性を判断する力を持つことが求められます。

自分自身が何に価値を見いだすのか、何を優先するべきかという軸を明確にすることで、よりスムーズに情報を取捨選択できるようになることも覚えておきましょう。自分が本当に必要とする情報だけを取り入れるようにすれば、ほかの情報は安心して忘れられるようになるのです。この能力は情報過多の現代社会で生き抜くための重要なスキルといえます。

やりとりする情報が膨大な現代社会において「忘れること＝悪いこと」ではありません。**むしろ、無駄な情報を忘れることで、本当に必要な情報に対する集中力を高めることができます。**それによって生産性が向上し、より良い成果を生み出す基盤となるのです。

「忘れていたこと」は捨てるということは「情報の取捨選択」と「重要な情報の管理」に向けた戦略的なアプローチといえます。この理論を理解して活用することで、あなたの生活や仕事はよりシンプルで、効率的なものになります。

# 『トレードオフ』

## 何かを「始める」時は何かを「やめる」時

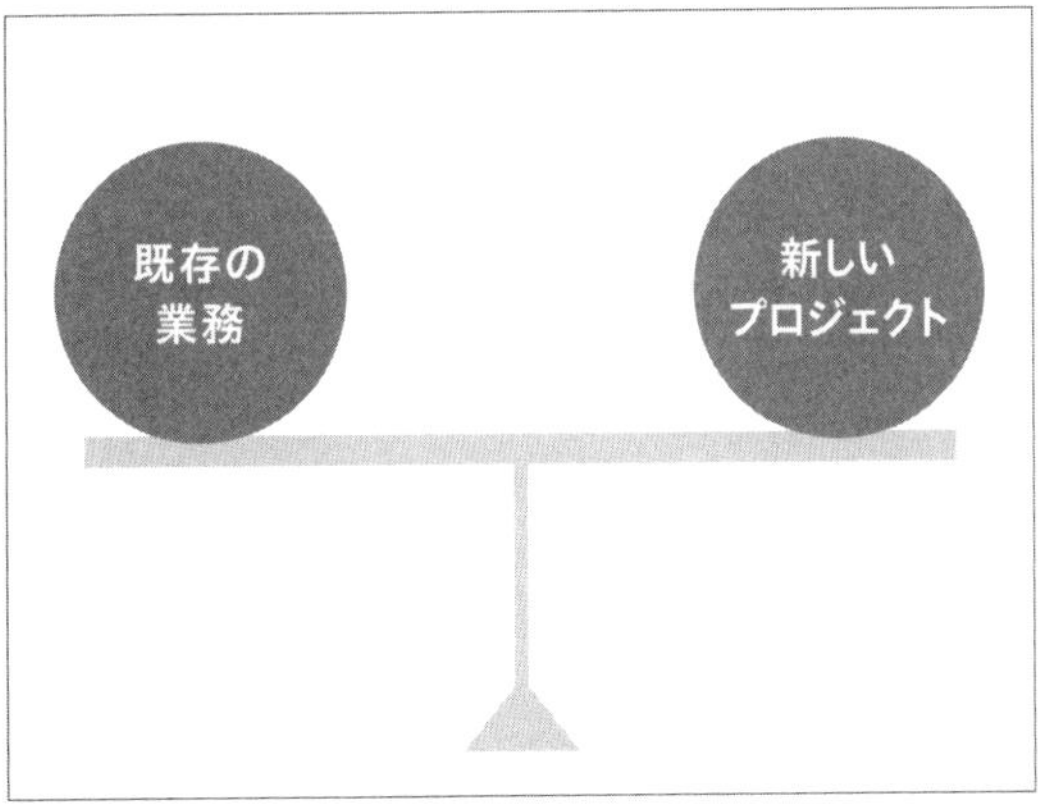


「トレードオフ」とは、例えば新しいことを始める際は、何かを犠牲にしなければならないという考え方です。悲観的な考え方ではなく、時間、人員、予算などのリソースは有限であると認識し、それに基づいて最善の選択を行なうための戦略的な思考法といえます。

新たなプロジェクトを始める時、我々は必要なリソースを考えます。あくまでも有限のリソースの中で考えなければなりません。しかも、新しいプロジェクトを始めることは、それらのリソースを別の何かから引き抜く必要があるということです。

それは既存のプロジェクトかもしれないし、自由時間かもしれません。何かを「選ぶ」ということは、それ以外の何かを「選ばない」ということでもあります。

「トレードオフ」の思考は、我々が行動を起こす前に、その行動が自分自身やほかの人々、あるいは組織全体にどのような影響を与えるかを検討するための〝一種のフィルター〟ともいえます。すべての行動にはポジティブまたはネガティブな結果が伴います。大切なのは、その結果を理解し、それを受け入れる準備ができているかどうかです。

新しいプロジェクトには、成功する可能性とともに、失敗するリスクも常に存在します。成功を目指すためには、失敗することも想定し、そのリスクを受け入れる準備が必要です。

同様に、新しい技能を学ぶ時には、自分の能力を向上させる可能性がある一方、習得のために時間と労力を費やさなければならないデメリットも存在します。**同じ時間と労力をほかの何かに投資することで得られるはずの利益を犠牲にする覚悟が必要です。**

　このような「トレードオフ」の思考は、生活全般にも適用できます。例えば、健康的な生活を始めるためには、おいしいけれどカロリーの高い食事をやめることが必要です。新しいスキルを習得するためには、それまでの自由な時間を犠牲にしなければなりません。

「トレードオフ」を行なう際は、自分たちが何を選び、何を犠牲にするかを、常に意識することが求められます。それはつまり、自分たちが何を本当に大切にしているのか、何が最優先事項であるのかを自問自答することにほかならないのです。

　新しいことを始める際は、ただ盲目的に突き進むのではなく〝何を犠牲にして何を得るのか〟をしっかりと考えて、その結果を受け入れる準備をすることが求められます。「トレードオフ」は、時に厳しい選択を迫られることもありますが、それが真の意味での無駄を省くことにもつながります。この思考法を身につけることこそが、目標に向かって効率的に進むための重要なステップになるのです。

コラム2

# リファクタリングで無駄なチェックを40％減らした（ＩＴ企業　20代社員）

ＩＴ企業の若手エンジニアが取り組んだ「仕事の無駄」を省く取り組みを紹介します。

彼は新人の頃から仕事の効率化に取り組んでいました。そしてその中で、特に注目したのが「コードのリファクタリング」でした。リファクタリングとは、ひと言でいえば「整理整頓」のようなものです。プログラム（コンピューターが理解できる命令の集まり）を、見やすく、理解しやすく、そして改良しやすい形に作り直すことを指します。

一般的に、プログラミングにおけるコードのリファクタリングという作業は、完成したコードの見直しや最適化を行なうためのものです。エンジニアにとっては常に意識しなければならない課題です。作り直す際には、プログラムがもともと持っていた機能や挙動を変えないよう、特に注意深く行なわなければなりません。

誰が見てもわかりやすい、きれいなプログラムに作り直すことができれば、新しい機能を追加しやすくなったり、問題が起きた際には直しやすくなったりします。

ＩＴ企業の彼は、プログラミングが完成した後ではなく、仕事の初期段階で「コードのリファクタリング」について考えることにしました。そのほうが時間を節約できると見込んだのです。具体的には、リファクタリングを待つのではなく、最初から「リファクタリングを考慮したコーディング」を行ないました。

彼の試みの結果、プロジェクトの初期段階において時間をかけて考えることにより、その後のリファクタリングにかかる時間を40％以上も削減することができたそうです。さらに、よりきれいで効率的なコードが書けるようになり、自分自身の技術力向上にもつながったといいます。

また、彼の取り組みはほかのエンジニアにも広がり、チーム全体の生産性向上にも寄与しました。彼らもまた「初めからリファクタリングを考慮したコーディング」を意識することで、その後の作業時間を短縮でき、技術力向上にもつながったと話してくれました。

彼の実績はIT企業の社内で高く評価され、20代で8名のメンバーを抱えるリーダーになりました。また、彼のリファクタリングにおける効率化は、顧客内でも評判となり、現在では隔月で勉強会が開催されるほどです。

彼の経験は、あらゆる仕事に通じるものがあります。「無駄な時間」を省くためには、仕事に取り組む初期段階から効率化を考えるのが有効だということです。その結果、後から必要となる手直しや改善の時間を省くことができるのです。

**仕事の途中で無駄を発見した場合は、それだけを省くのではなく、最初から無駄を生まないようにする。**これこそが、本当に効率的な仕事をするための秘訣なのかもしれません。

彼の例を参考にしながら仕事の初期段階から無駄を省くことを意識して仕事のタイパを向上させる、新しい視点を持つようにしてください。

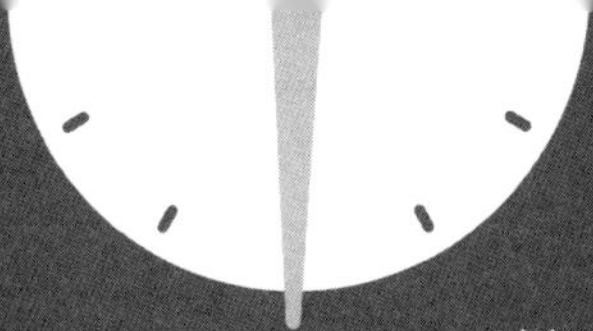

第3章

# 「やめる仕事」の見極め方（イメージづくり）

〈準備編②〉

取捨選択をせずに
無駄は
省けない!

この章では「やめる」という具体的な行動に移るうえで重要な〝7つの見極め方〟について解説します。一般的に「やめる」決断を下すには、かなりの勇気を必要とします。しかし〝7つの見極め方〟を念頭に置くことで、タイパを高めるために必要な取捨選択ができるようになります。「やめること」を上手に活用して生産性を向上させ、より大きな成果を出しましょう。

## ❶ 目標から逆算して見極める

「やめる」につながるイメージづくりのひとつとして必要なのが、あなたのビジョンを定め、そこから逆算して「今やるべきこと」「今後取り組むべきこと」を明確にするという考え方です。それは例えば「仕事でどんなことを達成したいのか」「それが何を意味するのか」といった長期的なビジョンが挙げられます。

ビジョンを持って仕事に向き合うことによって、あなたがどんな業務を優先し、どんな業務を犠牲にすべきかを見極めやすくなります。

ビジョンを明確にして「やるべきこと」を整理するプロセスは、時間とエネルギーを最適に利用するための「道しるべ」となります。ビジョンを意識することで仕事を効率的に進めやすくなり、結果的にはより早く目標を達成する可能性が高まります。

ただし、このプロセスは一度きりですむことではありません。あなたが前進している中で得られた新たな情報や経験によっては、やるべきことを変えなければならないでしょう。目標と進行中の活動を定期的に評価し、必要に応じて調整することが重要なのです。

目標から逆算して見極めると無駄がなくなりやすくなります。これは、新しいビジネスを立ち上げるケースでも同様です。例えば、具体的なビジネスのゴールから逆算した場合、必要なステップやアクションが明確になり、それにより無駄がなくなります。これは目の前のタスクに追われ、全体の視点を失いがちなビジネスの現場において、非常に重要なポイントといえます。

例えば、新製品を開発するケースを考えてみましょう。目標が「最高品質の製品を作る」というだけでは、具体的なアクションや期限を明確にしにくく、作業は漠然としたものになりがちです。必要以上に時間を費やすことになり、効率が落ちてしまうでしょう。

それに対し、目標を「6か月後に市場に出す」「競合他社よりも30％高性能な製品を作る」とした場合、その目標に向けた具体的なステップをよりイメージしやすくなります。例えば「どの機能を開発するべきか」「どの時点でテストを始めるべきか」がはっきりしてくるのです。

また、目標が「一流のサービスを提供する」という抽象的なものだけだと「どのようなサービスを提供すべきか」「どの顧客をターゲットにすべきか」「どのようにそれを達成するか」が曖昧になりがちです。

しかし、目標が「1年後には、20~30代の女性をターゲットに、健康管理を支援するモバイルアプリの10万ダウンロードを達成する」となれば、具体的な行動計画を立てやすくなります。アプリ開発のタイムライン、マーケティング戦略、必要なリソースなどが具体的に見えてくるはずです。

**逆算思考は、目標を明確にし、無駄な作業を削減するための強力なツールです。**これを活用すれば目標達成に向けて必要なことだけに集中でき、効率的に進めるようになります。「目標から逆算して見極める」ことは「選択する」ことでもあり、選択はあなたの成功への道筋を作り出します。その選択が賢明であればあるほど、あなたはより早く、より確実に目標に到達することができます。「やめることを見極める」というイメージづくりにより、成功への歩みを効率的に進めるようにしましょう。

## ② 緊急性より重要性で見極める

日々の仕事では様々なことが起こります。

中には「明日には提出してほしい」と唐突に依頼され、現在進めている業務を中断せざるを得ないこともあるでしょう。そのような「緊急性の高い」と思われる仕事が舞い込むことによって、時としてあなたの時間とエネルギーが奪われることになります。

このようなシチュエーションを考慮して念頭に置いておくべきなのは**「緊急性の高い」ように思われる仕事のすべてが、同じ程度の重要性を持つわけではない**、という考え方です。「緊急性の高い」ように思われる仕事の中には、あなたの目標と、それを実現するために優先すべき「重要性の高い」の仕事とは、あまり関係がない場合もあります。

そのため、日々の業務に当たるうえで、意図せずに舞い込んでくる仕事の「緊急性」と、あなたが優先すべき仕事の「重要性」を、しっかりと天秤にかけて評価することを常に意識しましょう。

仕事量を自分でコントロールできずに「緊急性の高い」と思われる仕事がどんどん積み重なっていくこともあるでしょう。タスクに追われていると、本来であれば時間を割かなければならない「重要性の高い」仕事がおろそかになったり、進行を妨げられたりしてしまいます。

そんな状況に陥りそうになった時は「自分が直面している『緊急性の高い』と思われるタスクは、自分にとって『重要性が高い』目標に対して、どのような影響を与えているのか？」と、自分自身に問い

## 重要性＞緊急性

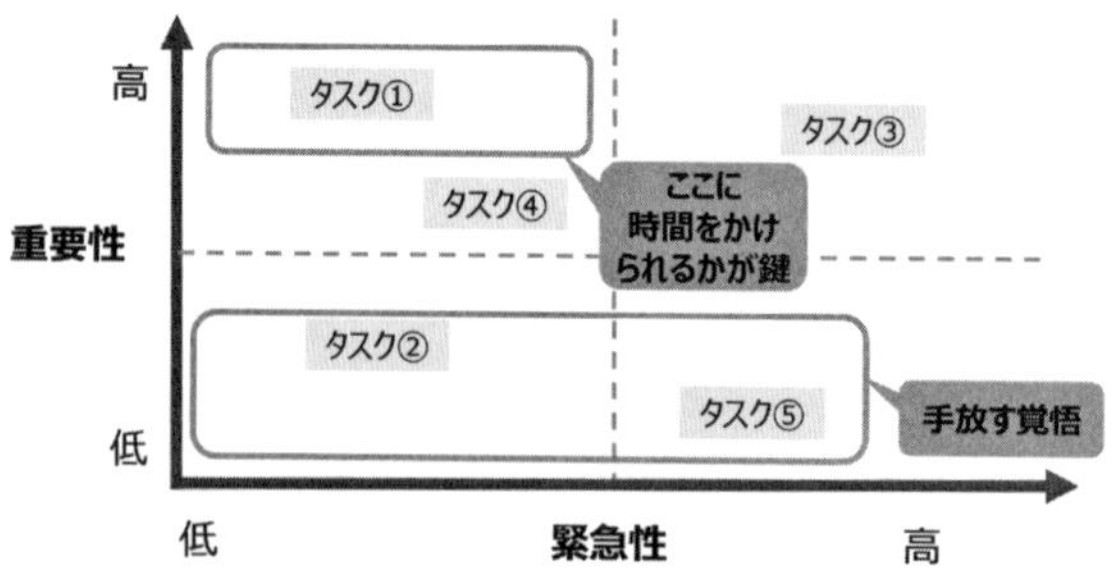

かけてみてください。

そして、自分で優先度をコントロールできる仕事を見つけてください。少なくともメールチェックや報告書作成はそれに当たるでしょう。

その結果、どんなに「緊急性の高い」と思われるタスクでも「注力すべきではない」という〝「やめる」べきシグナル〟を自分自身から受け取ることができるようになります。

〝「やめる」べきシグナル〟を自分自身から受け取れるようにするためには、前述のように、目標とそれを実現するために必要な**「重要性の高い」仕事とは何なのかを、常に意識しておかなければなりません**。そうすれば、あなたが日々の生活において、時間とエネルギーを何に投資すべきかが、より明確になります。

「緊急性」よりも「重要性」を優先するという考え方のもとで仕事を見極めることは、あなたの時間とエネルギーを最も価値のあるものに変えることにもつながります。「やめる」ことを決断する力に加えて、自分が定めた目標と優先順位に基づいた行動を選択する力を持てば、あなたの目標達成に一歩近づくはずです。

## ③「念のために……」を見極める

「念のために……」という考え方のもとで自らの業務を増やしてしまうことは、多くの人々が陥る行動パターンのひとつです。それは保険のようなものであり、確実性を追求するためには必要に思われるかもしれません。しかし、本当に「重要性の高い」ことから目を逸らす原因になってしまう可能性もあります。

その理由として挙げられるのは「念のため……」という行動が我々の視野を狭めてしまい、時間とエネルギーといったリソースを有効に使っていると錯覚させてしまうからなのです。時として「念のため……」というフレーズが「重要性の高い」ことを先送りにした自分を許す〝言い訳〟にもなります。

このような「念のため……」の行動について必要性の有無を見極めるためには、どうすべきなのでしょうか。まずは、自分の行動や決定について深く理解することから始めましょう。「自分がなぜ『念のため……』の行動を起こそうと思ったのか」『念のため……』の行動が自分の大きな目標やビジョンにどう寄与するのか」を考えてみてください。

次に「念のため……」の行動が実際に必要なのかどうかを見極めるのに有効なテクニックとして「一時的にやめてみる」という方法があります。その結果、仕事の状況がどのように変わるのかを見つめ直すことで「念のため……」の行動が本当に必要なのか、その真価を確かめることができます。

「念のため……」をやめる際には、**行動を続けることで得られるメリットと、行動をやめることで得られるメリットを比較して考えることが重要です**。前者が後者よりも大きければ、行動を続けるべきでしょう。一方、後者が前者よりも大きければ、行動を見直さなければなりません。

すべての行動が、あなた自身の目標やビジョンなどに対してどれだけ寄与しているのかを常に意識することも忘れてはなりません。それが直接的であれ、間接的であれ、すべての行動はあなたの目標達成につながるものであるべきです。

これらの視点を持って「念のため……」の行動をしっかりと見極め、得られるメリットが小さい行動をやめれば、時間やエネルギーをより価値ある行動に集中できるようになるでしょう。そのことが、目標の達成をより現実的なものとするはずです。

## ④「作業興奮」を見極める

「作業興奮」とは、何らかの業務に没頭し、その瞬間を楽しんでいる状態を指します。「作業興奮」の状態になること自体はポジティブであり、仕事に対する満足感を増す効果もあります。しかし「作業興奮」の状態は「念のため……」の考え方と同様に、仕事の目的を見失う原因ともなり、本来やるべき「重要性の高い」ことから目を逸らしてしまう危険性もあるのです。

例えば、新しいプロジェクトの提案資料を作成するためにリサーチを開始したところ、資料に活用できそうなおもしろい記事や動画に遭遇し、予想以上の時間が経過していた経験はありませんか？　それはまさに「作業興奮」によって本来の目的から逸れてしまっている状態といえるでしょう。こうした事態を避けるには、自身が「作業興奮」に陥りやすい状況を認識し、きっちりと対策を立てることが重要です。

具体的な対策として、まずは作業を始める前にその目的を明確にしましょう。

「進行中の作業を何のために始めたのか」「作業の結果から何を達成できるのか」を認識しておけば、本来の目的から〝脱線〟してしまうことを防ぎやすくなります。

次に、**着手している仕事が意図した方向に進んでいるのかどうかを、作業の途中で定期的に確認します**。これは「内省」と呼ばれる行動の振り返りのことで、自身が何に時間を使っているかを把握し、その行動が目的達成にどうつながっているのかを評価することです。

クロスリバーのクライアント企業に所属している10万人以上の従業員に対して、週に1回15分の「内省」を推奨しています。メールや資料作成の手を止めて、コーヒーを飲みながら過去1週間のカレンダーをゆっくりと振り返るのです。

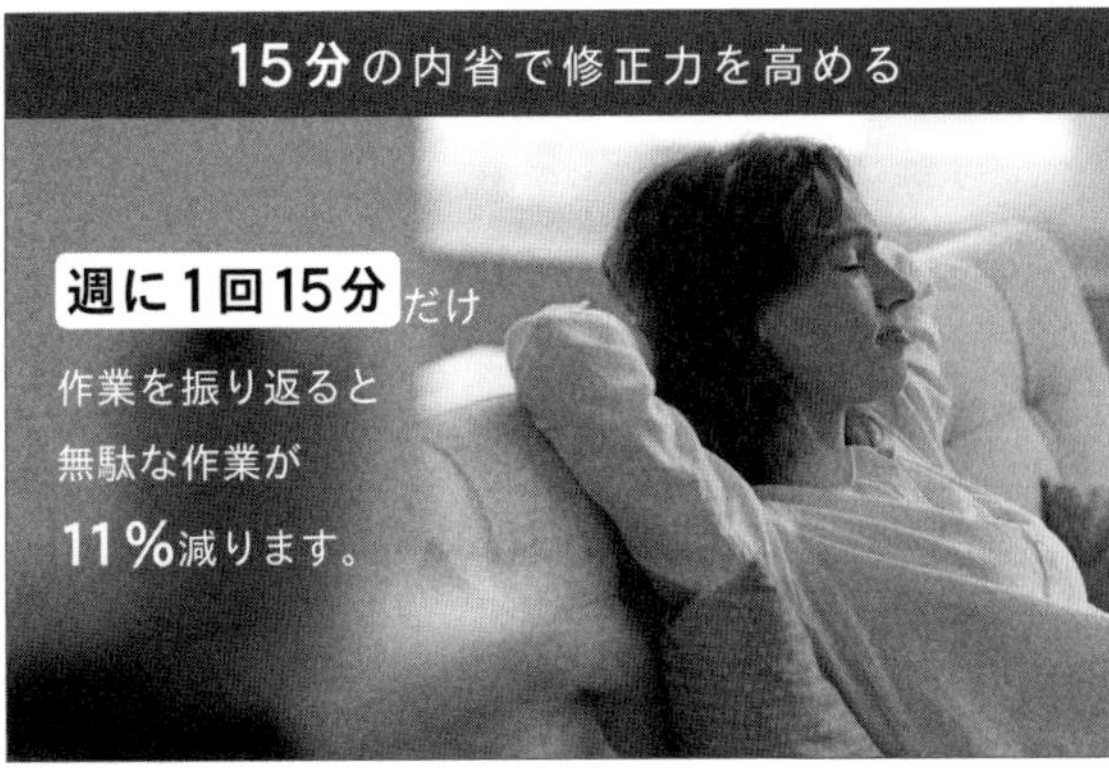
15分の内省で修正力を高める
週に1回15分だけ
作業を振り返ると
無駄な作業が
11％減ります。

「会議のための会議ではアウトプットが出なかった」「見栄えのいいPowerPointの資料は自己満足で作成したものだった」「よかれと思ってやっていたことが、実は『作業興奮』によるもので、本来の目的から逸れたものだった」ということに気づくようになります。週に1回15分の「内省」を2か月以上継続した人は、無駄な作業を平均11％削減しました。「内省」により時間を生み出すことができたのです。

「作業興奮」の状態から逃れるためには、定期的に休憩を取ることも有効です。短い休憩を設けることで、自分自身をリセットし、作業の目的を再確認する機会を作り出しましょう。このことにより、作業に対する視点をリフレッシュし、目的に沿った方向で仕事を進められるはずです。

このように、本来の目的から逸脱した「作業興奮」に陥ることを防ぐためには、仕事に着手する際の目標認識や、途中段階での「内省」が不可欠です。すべての業務が目標にどう寄与しているかを確認してください。「作業興奮」をポジティブな方向で最大限活用し、目的を見失うことなく効率的にタスクをこなせるようにしましょう。

## 5 「再入手できるもの」を見極める

現代社会は情報過多であり、それぞれの情報が等しく価値を持つわけではありません。「念のため……」という理由で、すべての情報を手元に残そうとすると、本当に大切な情報が埋もれてしまう可能性があります。そこで重要なのが、再入手可能なものは捨てるという考え方です。

**再入手可能な情報については、手放す勇気が必要です。**例えば、数年前の雑誌やニュース記事といった、増える一方の〝過去の情報〟を、すべて保管しておくことは現実的ではありません。それらの中には、必要になった時に再入手できるものも含まれているでしょう。もちろん、再入手が困難なので手放すべきではない大切な情報もあり、それを見極めることが大切です。

「再入手可能であれば捨てる」という考え方は、もちろん物理的なものに対しても有効です。不要なものを持ち続けると、部屋や机上の環境を乱し、精神的な負担をもたらすことがあります。再入手が可能なもの、例えば、頻繁に使わない書籍、文具、ガジェットなどは一度手放し、必要な時には再入手すればいいと考えてみてください。それにより、あなたの部屋や机のまわりはスッキリとし、必要なものだけに囲まれた環境を作ることができます。

何が再入手可能であり、何であれば捨ててもいいのかを見極める「洞察力」を持つためには、日々の生活の中で触れる様々な情報や物質的なものに対して、常に価値を見いだそうとする習慣を身につけましょう。

具体的な行動としては、手放すことを検討している情報あるいは物質的なモノを、インターネットや書店などで探してみるとよいでしょう。今後も入手できそうであれば、手放すことを検討してみてください。

「再入手できるものは捨てる」という思考を持つことは、扱う情報やモノを必要最低限にとどめ、余計なものから自分を解放することであり、将来的な目標の実現につながる「重要性の高い」仕事に集中するための重要なステップなのです。

## ❻「社内の非常識」を見極める

常識とは、その社会や組織の中で共有されている考え方や行動の基準を指します。正しい規律として効果を発揮する場合がある一方、無駄なことをやめられない要因にもなります。そのため、常識が何のために存在し、時代遅れの概念ではなく必要なものなのかを、問い続けなければなりません。

社内の常識は、今の世の中にとって常識なのか、それとも非常識なのか。常に疑わなければならないことを、念頭に置くべきです。そんな「社内の非常識」を見極める方法として、次に挙げる3つのアクションをおすすめします。

**【アクション❶】セミナーや異業種交流会に出席する**

ほかの業界や企業の人々との交流を通じて、社内の非常識を見極めることができます。例えば、集合型またはオンラインで行なわれているセミナー、カンファレンス、コミュニティーのイベント、異業種交流会などに出席して「社外の目」を養ってください。

**【アクション❷】勉強会や読書会に参加する**

全く違う視点を持つ人々から学びを得るための、勉強会や読書会に参加することも有効です。具体的には、音声メディア「Voicy（ボイシー）」のリスナーコミュニティーや「Twitter（現X）」で定期的に開催されている読書会がそれに当たります。日々の仕事ではインプットすることのない意見や知識に直接触れることで、自分の視野が広がり、新たなことを発見できるようになります。

**【アクション❸】社外の環境に身を置く**

副業もしくは複業を通じてほかの組織で一定期間働いたり、海外に出かけて新しい文化を体験したりすることも、社内の非常識に気づくきっかけになります。このような経験は、自身の視野を大きく広げるだけでなく、自社の業務プロセスや文化を見直す参考材料として役立つでしょう。

これら3つのアクションに時間を費やすことは、一見、無駄なことのように思われるかもしれません。しかし、実際には新たな視点を得ることで無駄な作業の原因となっている「社内の非常識」を見つけ出し、改善することにつながる重要なステップなのです。

これらのアクションは、無駄の削減や業務の効率化に直結する〝大切な投資〟であり、自分自身や所属するチームはもちろん、組織全体のパフォーマンスを向上させることにもつながります。

社内の常識に疑問を持つことで、新たな発想やアイデアが生まれ、より効率的な方法を見つけるきっかけにもなることでしょう。**「やめること」は「始めること」への第一歩でもあります。**何かをやめることで、時間やエネルギーといったリソースが生まれ、新たな可能性を探求する機会が生まれます。そしてそれは個人だけでなく、組織全体の成長と進化にもつながるでしょう。

## ⑦「現状の自分の能力」を見極める

自分の能力を正しく評価して「できること」と「できないこと」を見極められれば、過信による判断や行動のミスを抑制することができ、結果的に無駄な努力をしなくてすむようになります。

具体的には、自分の強みと弱みを客観的に理解し、それに基づいて行動することです。自己理解を深めるための手段として、フィードバックの収集や「内省」の時間を設けることがおすすめです。

まずは、フィードバックを収集する方法について考えてみましょう。客観的な自分を知る方法のひとつとして、他人からの評価を聞くことが挙げられます。上司、同僚、部下からフィードバックを得れば、自分では気づかなかった強みや改善点を発見できるでしょう。なお、相手から話を聞く際には、自分の評価につながっている具体的な行動について確認し、自分自身に対する理解を深めることが重要です。

例えば、あなたがプロジェクトリーダーの場合、コミュニケーションを円滑に進めているつもりでも、実際には自分の指示に対してプロジェクトのメンバーが理解しにくいと感じているかもしれません。

そこで、プロジェクトがひと段落したタイミングで、メンバーからフィードバックを得るとよいでしょう。具体的な行動や状況について**「どんな点が良かったのか」「改善が必要なのか」などを聞くようにすれば、自身のコミュニケーションスキルを客観的に評価でき、改善や向上につなげやすくなります。**

また「内省」の時間を設けることも有効です。１日の終わりに、その日の行動を振り返り、自分の行動や判断が適切だったのかを考えてみましょう。そして、もし何か誤った判断をしたと気づいたら、その原因を探り、次に同じ状況に直面した際は同じ過ちを繰り返さないようにすることが重要です。

毎日続けて「内省」をすることが困難であれば、前述のように週に１回15分でも構いません。直近の行動を見つめ直す「内省」を継続することによって、自分の強みと弱みを認識できるようになり、自己改善につなげることもできます。

「自分の能力」を見極めることによって、自身の効果的な成長を促進し、無駄を減らすことができます。また、仕事のパフォーマンスが向上し、タイパを高めることにもつながるのです。

## コラム 3

# 資料作成時間を1／4に削減した（製造業　30代社員）

大手製造業のある男性社員は、私が提唱する「無駄をやめる」習慣を実際に取り入れて、自身の資料作成時間を1／4に削減することに成功しました。その秘訣を聞いたところ「集中力を保つためには無駄な作業を減らすことが重要だと気づいた」と語りました。

彼は日々作成する報告書や提案書といった資料のうち、同じようなものが多いことに気づきました。そこで「同じ内容の資料を繰り返し作成する」ことをやめ、共通のテンプレートを用意し、その都度、必要な情報を追加していくことにしてみたのです。資料作成の時間が大幅に短縮され、仕事のタイパは大幅に向上しました。

また彼は資料を作成する際、以前までのようにメールのチェックといったほかの作業を並行して行なわないようにしてみました。「一度に行なうのはひとつのことだけ」という新たな習慣を採用することで作業の質が向上し、時間の無駄も減少したそうです。

さらに彼は「個別の校正」をやめて「一括チェック」に焦点を当てるようになりました。作成した1ページごとに文章の細部まで点検する「個別の校正」をせずに、いったん休憩した後に冷静な目で全体を見通す「一括チェック」を行なうようにしてみたのです。結果的に、内容の質を落とすことなく資料作成の時間を短くすることもできました。

これら3つの行動によって資料作成の作業時間が1／4にまで削減し、その分の時間をより「重要性の高い」業務に集中させられるようになったそうです。彼のパフォーマンスは大幅に向上し、彼の業務に対する満足度も向上しました。

彼のように「無駄をやめる」ことを意識的に行なうことにより、仕事のタイパを高めることは十分に可能です。しかも、彼が行なった行動は、誰でもすぐに取り入れることができるものです。

新しいツールを導入する必要はなく、特別なスキルを身につける必要もありません。あなたが必要とするのは「無駄をやめる」という意識と、そのための新しい習慣を作り上げて実践する決意だけです。

彼が実践した「無駄をやめる」習慣を実行するうえで、まずは自分が抱えている仕事の中に、どれだけの無駄があるか、一度立ち止まって考えてみてください。そして「無駄を絶つ」ためには、どのような習慣を身につけるべきかを模索してみてください。それが、より効率的で、より生産的な働き方改革の第一歩となるでしょう。

私たちは日々、仕事に対して多くの時間を費やしています。その時間をどのように使うかは、一人ひとりの選択に委ねられています。そして、その選択は、私たちの働き方、生活の質、そして最終的な仕事の成果に大きな影響を与えます。

だからこそ、「無駄をやめる」ことに意識を向けることは非常に重要であり、私たちが過ごす時間をより価値のあるものにアップグレードしてくれます。

# 第4章

# 無駄をやめられる35の秘策

## 〈行動編①〉

仕事の
やり方を変えれば
タイパを高められる!

ここまでは、無駄を絶つために必要な各種法則や考え方などを紹介してきました。それをふまえて本章では、具体的な行動に移すための「35の秘策」を解説します。

「35の秘策」は、８００社を超えるクライアント企業で実証実験を実施して導き出された、具体的な行動習慣です。所属する企業の規模や業種、業態、年齢や性別、職種別などに影響を受けにくく、かつ再現性の高いものを厳選しました。

例えば、過去に成功したプロジェクトや作業の中から、あえて無駄だと思われる部分を振り返るという方法があります。**ただ漠然と「やるべき」タスクをこなすよりも、毎日の業務の中に潜む「やめるべき」行動を見つけ出すことができます。**

また「三日坊主を許す」ことも秘策のひとつです。新たなことを始めた時、最初の３日間は特に努力が必要です。しかし、その間にうまくいかないことがあれば、それはそれでＯＫとしましょう。**短期間の失敗を許容することで「うまくいかないことをズルズルと継続するのは無駄」という、長期的な視点を持つことにもつながります。**

「35の秘策」は、日々の業務の中から「やめる」ことを明確にして、無駄を絶つことにつながり、仕事のタイパを高める一助になるでしょう。

## 1 チーム内でのコミュニケーション

ひとりではなくチームで作業をするうえで、コミュニケーションは欠かせません。ただし、コミュニケーションの取り方を間違えると、無駄な作業が生まれてしまいます。

約7万6000人に行なった匿名のアンケート調査では「チーム内でコミュニケーションがうまく取れていない」と答えた人は63%もいました。2万3000人を対象にした行動データの分析では、過剰な気遣いをする組織は会議や資料作成の時間が長くなる傾向にあり、病気による離職率が23%以上多いという結果も出ています。

一方、**成果を出し続けているチームでは「コミュニケーションがうまく取れている」と回答した人は72%もいました。これらの結果から、チーム内の意思疎通は仕事の成果に影響を与える可能性が高いといえるでしょう。**

では具体的に、コミュニケーションをどう取るべきなのか? 各企業で再現性が高かったのは、次のページから紹介する9つの方法です。

## ❶「過剰な気遣い」をなくすために「ルール」を作る

「『普通は』メールじゃなくて電話をするでしょ？」「プレゼンの資料が1枚だけなんて『普通は』あり得ないでしょ？」。このように使われる「普通は……」という言葉はチーム内の行動や思考に、ある種の制約を持たせてしまいます。

そうした暗黙知の制約が、チームのパフォーマンスや意思決定の速度を低下させる原因にもなり得るのです。

そんな「普通は……」の言葉を使わないようにするためには「チームのルールを作る」のが最も効果的です。チーム全体で共有する明確な基準やガイドラインを作成しましょう。

例えば「ミーティングは全員揃えば時間前でも始める」「すべてのメンバーが意見を述べる時間を確保する」「異なる意見にもうなずく」など、具体的なルールを設けることによって誤解や混乱を減らし、結果的にはコミュニケーションをスムーズに取れるようになります。こうしたルール化によって〝過剰な気遣い〟も減り、そのために費やしていた無駄なエネルギーを使わずにすむようになるのです。

気遣いは、チーム内の規律を保つために重要な要素ですが、それが過剰になると、本来の業務に集中することが難しくなることもあります。例えば「ミーティングで自分の意見を述べるのをためらう」「無理をしてでも他人を喜ばせようとする」といった行動によって、本質的な課題解決から遠ざかってしまいます。

**大切なのは、気遣いが「過剰なのか」あるいは「本当に必要なのか」を見極めることです。**チームメンバーの全員が適切な気遣いを心がけることで、無駄なストレスやプレッシャーを減らせて、より良いチーム作りを実現することができます。

チームでのコミュニケーションにおいて一方的な制限や過剰な気遣いから解放されることが、生産性はもとより、メンバーの精神的な状態も大きく向上させることはデータからも明らかです。

## ❷「会議」をやめて「会話」をする

「会議」という言葉を聞いて何を思い浮かべるでしょうか。

多くの人は「長時間」「議事録」「話をしているプレゼンター以外の出席者は沈黙を守る」といったことをイメージされるかもしれません。しかし、そのような伝統的な「会議」は必ずしも生産的とはいえないものも多く見られます。

それに対して「会話」とは、全員が参加して意見を自由に交わす対話の場を意味します。参加者が自分の考えを気兼ねなく述べることができ、ほかの人の意見に耳を傾け、新しいアイデアや洞察を得ることを目指します。

そんな「会議」から「会話」へとコミュニケーションの在り方をシフトチェンジすることで、より有益で生産的な時間をチーム全体で共有することができます。チーム内の「会議」を「会話」に変えるためには、次のようなポイントを意識するとよいでしょう。

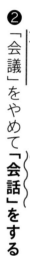

まず「会議」の目的を明確にします。それは、新しいアイデアを生み出すためのブレインストーミングかもしれませんし、進行しているプロジェクトのアップデートを共有するためのものかもしれません。目的が明確になれば必要な人だけが参加し、効果的な「会話」が行なえるようになります。

次に「会議」の参加人数を減らします。大勢の人がいると、ひとり当たりの発言する機会が少なくなり「会話」をするのが難しくなります。少人数であれば、全員がアクティブに参加しやすくなります。

「会議」の時間を短くするのも効果的です。長時間にわたる「会議」は参加者の集中力を低下させ、効率的な意思決定を阻害します。何らかのことを決める会議は30分にするなど、会議の目的に合わせて時間を設定することで、効率のいい「会話」ができます。

そして**何より効果的な「会話」を実現するためには、その場で意見を述べることに対する恐れをなくすことが重要です。**開始直後にあえて雑談をするなど、誰もが自分の意見を自由に述べられる環境を作ることで、新しいアイデアや視点が生まれやすくなります。

## ❸ ×「メール」をやめて◎「チャット」する

メールは長らくビジネスにおいて不可欠なコミュニケーションツールとして使われてきました。しかし最近では「Slack」や「Microsoft Teams」といったチャットを活用する傾向が強くなってきたことから「メールはもう古いかも?」「リアルタイムのコミュニケーションには最適でない」と思っている人も多いのではないでしょうか。

メールは確かに便利なコミュニケーションツールのひとつですが、実は膨大な時間を消費し、情報の整理や管理に手間がかかるという欠点があります。メールは受け取った人がすぐに返信できるとは限らず、一度送信すると内容を修正できません。

そのため、慎重に文章を書き、長文になってしまうこともしばしば。長文メールは閲覧される確率が下がり、なかなか返信をもらえないことも少なくありません。これが結果として、コミュニケーションを遅延させる原因にもなっているのです。

一方、**リアルタイムでのコミュニケーションを可能にするチャットは、気軽にメッセージをやりとりできる〝柔軟性〟と〝スピード〟があり、職場のコミュニケーションを効率的にしてくれます。**メッセージを送ったり、受け取ったりすることが即座にできるのはもちろん、メッセージを編集したり、削除したりすることも手軽にできます。

さらにチャットのツールではタスクの管理をはじめ、メールではできない多くのことが可能です。主に利用するビジネスのコミュニケーションツールをメールからチャットに移行したほうが、社内のやりとりが円滑になり、業務の生産性向上にもつながるでしょう。

ただし、チャットをメールと同じように使ってしまうと、スピーディーなコミュニケーションが図れません。ビジネスでチャットを活用する際は、効率的なコミュニケーションを促進するため、メールとは異なる運用ルールが必要です。

３４３社で行動実験を行なったところ、次に紹介する３つのルールがチャットを使ったコミュニケーションの効率を高めることがわかりました。

いずれも、メールからチャットへの移行によって業務効率を高めることに成功した企業が社内ルールとして運用しています。ぜひ参考にしてください。

**（ルール1：敬称の省略）**

「様」「氏」「殿」といった堅苦しい形式的な敬称をなくすことで、チャットでの会話はよりスムーズで開放的になります。階層的な考え方を超えて、すべてのメンバーが自由に意見を述べられ、アイデアも出し合えるようになるでしょう。このことにより、多くの視点からの意見が集まり、意思決定がより効率的かつ効果的になります。

**（ルール2：「お疲れさまです」は禁止）**

「お疲れさまです」という形式的な挨拶は省略しましょう。チャットの開始や終了の際に交わすメッセージが短縮され、無駄なやりとりが排除されます。その結果、必要な情報だけが交換され、コミュニケーションの効率が向上します。

**（ルール3：気遣いを省く）**

無駄な気遣いを控えて、丁寧な言い回しを省くと、メッセージはより簡潔になり、伝えたいポイントに絞ることができます。これによって伝わりやすくなり、やりとりの回数も減少し、タイパの向上につながります。

以上のように、チーム全体で統一したルールを設定するとともに「チャットを使う目的は何か」「どんなシーンでチャットを使うのがより適切なのか」をクリアにすれば、不要なメッセージが減り、メッセージを探す時間も削減されます。チャットのルールを決めることは、チーム全体の生産性を向上させるための重要な鍵となるのです。

## ④ ×「報連相」をやめて ◎「雑創（ざっそう）」にする

「報連相」とは、報告、連絡、相談という3つの言葉をまとめた造語であり、ビジネスに必要なコミュニケーションの行為として、日本の企業で広く使われています。

その多くは、主に部下が上司に対して行なうケースであり、相談するタイミングについてお伺いを立てたり、連絡の内容を長文メールで送ったり、報告を文面にまとめたりと、格式ばったやりとりになりがちです。

そのようなことから『報連相』をするために必要以上の時間を費やしてしまっている」

という人もいるのではないでしょうか？　「報連相」が、プロジェクトを進めるスピード感やチームの創造性を阻害している可能性もあるのです。

そんな「報連相」の代わりに提案するのが、カジュアルなコミュニケーションを通じて、情報の共有やアイデアの創出を促す「雑創」という行為です。

社内で交わされる「雑談」との違いは、その目的と成果にあります。**「雑談」は主に、天気や趣味の話など業務に直接関係のないトピックスが中心のコミュニケーションです。仲間意識を醸成してメンバー間のコミュニケーションを円滑にします。**「雑談」は関係性を高める役割を果たしますが、業務の向上に大きく寄与することはありません。

一方で「雑創」は、あくまでも「情報の共有やアイデアの創出」が目標です。会話の内容はビジネスやプロジェクトに関連する話題を中心とし、そこで共有された情報や創出されたアイデアが、タイパにつながる可能性も秘めています。

「雑創」で共有される情報は、メンバー全員が共通の認識を抱きやすく、さらなる新しいアイデアが生まれやすい土壌も作れるのです。「雑創」をする際は、形式的な資料を用意する必要はなく、メンバー全員がすべての情報を共有する必要もありません。

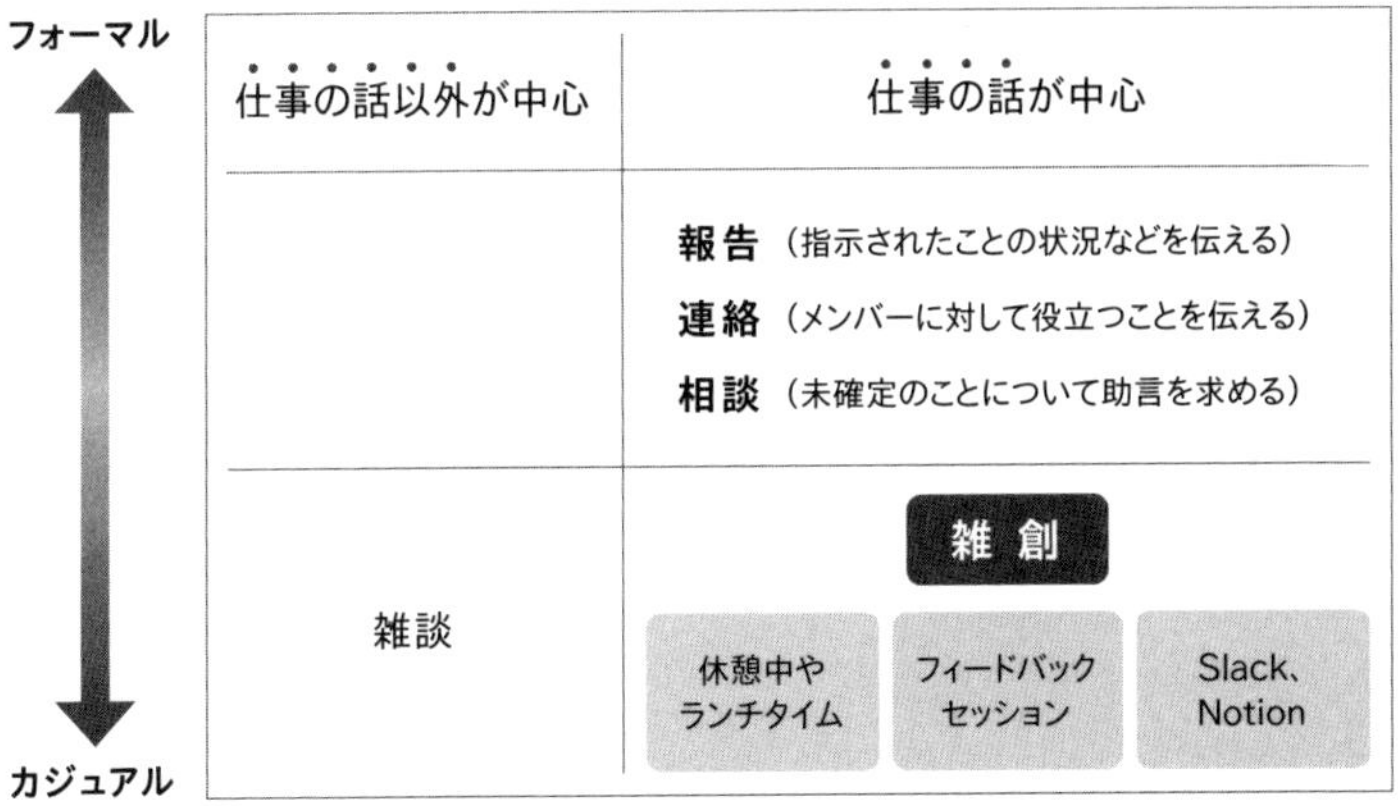


「雑創」の時間や場所を設けるための方法として、次の3つのことが挙げられます。

まず、日常的に訪れるランチタイムや休憩中を「雑創する時間」とし、仕事のメンバーと積極的に話をするようにします。会話の内容は業務を中心とするものの、アイスブレイクとして趣味や家族の話をするのでも構いません。自由な会話の中から、新たな視点や意見がきっと出てくるでしょう。それをきっかけにして議論が深まり、アイデアの創出につながることもあります。

次に〝フィードバックセッション〟という「雑創する機会」を定期的に設けます。〝フィードバックセッション〟とは、仕事のメンバー全員がお互いの考えを共有し合い、直接フィードバックを得るという方法です。新しいアイデアの提案や問題点の共有を行なおうとしている時には、特に有効な手段になります。

〝フィードバックセッション〟では、全員が恐れずにフィードバックを得られるよう、建設的な意見を出し合える雰囲気作りを心がけることが大切です。良い点を「グッド・ポイント」、改善点を「モット・ポイント」としてフィードバックすると、相手は改善点を受け入れやすくなります。

そして最後に「Slack」や「Notion」といったビジネスツールを使って、情報共有を目的とし、誰でも自由にアクセスできる〝オンラインスペース〟を「雑創の場」として設けましょう。そこでは議事録だけでなく、個々のアイデアや有益な情報、気づきなどを書き込むようにします。仕事のメンバーそれぞれが自分のペースでアクセスし、必要な情報を得られるようにしておくといいでしょう。

以上のような3つの方法を用いて「雑創」の時間や場所を作り、カジュアルなコミュニケーションを通じてタイパを実現するチームを構築しましょう。

# ❺ ×「情報共有」をやめて◎「感情共有」を心がける

「情報共有をやめる」と聞いて、戸惑う人がいるかもしれません。確かに「情報共有」はビジネスにおける基本的なコミュニケーションであり「それをやめるとはどういうことなのか」と思うことでしょう。「情報共有」の何が問題なのかといえば、ほとんどの場合は、自分の思いを相手に理解してもらえることなく、情報をただ一方的に伝えることだけに終始してしまうからなのです。

「情報共有」は事実を伝えるための重要なツールですが、それだけで人間関係を深めることは難しく、相手を動かすことができません。あくまでも私たちは感情的な存在であり「感情」を表に出しながら他人とつながり、意思決定を行なっています。このことが「感情共有」を重要だとする理由です。

**「感情共有」は、自分の「感情」を他人と共有し、他人の「感情」を理解しようとする行為です。これにより、チームメンバー間の信頼関係を築き、深いつながりを生み出すこと**

**ができます**。具体的には、プロジェクトの進行状況や課題といった「情報」だけでなく、そのことに対する自分の「感情」も共有するようにしましょう。

「このプロジェクトがうまくいってうれしい」「この課題については悩んでいる」という具体的な「感情」を言葉でつけ加えることで、自分の思考をメンバーと共有でき、お互いのことを理解し合えるようになります。

もちろん、自分の「感情」を言葉にするのは勇気が必要です。しかし、自分の「感情」をオープンにすることによって、ほかのチームメンバーから共感や支援を得られる可能性が確実に広がります。

ほかのメンバーの「感情」を理解することも重要です。仲間の「感情」を知ることによって、その人の「視点」も理解でき、より良いコミュニケーションを行なえるようになるのはもちろん、より深いレベルでの信頼関係を築くことができます。

これらのことを心がけることで「情報共有」だけでなく「感情共有」を行なう理想的なチームを作り上げることができます。チームのコミュニケーションが活性化すれば、同調圧力や過剰な気遣いも生まれにくくなります。

## ❻ 「質問」をやめて「発問（はつもん）」を行なう

仕事のメンバーに対して何かを聞こうと思った時、できるだけ「質問」ではなく「発問」をするようにしましょう。

「質問」は相手が持っている情報や答えを聞き出すものであり、それに対して「発問」とは相手の思考を促し、一緒に考えながら答えを導き出そうとする行為です。例えば、学校の先生がただ単に問題の答えを生徒に聞くのは「質問」であり、その答えについてどうしてそう思うのか、ほかにどんなことが考えられるのかを生徒に尋ねるのが「発問」です。

このような違いのある「質問」と「発問」ですが、ビジネスのコミュニケーションにおいては、なぜ「質問」をやめるべきなのでしょうか。それは、「質問」だと情報が一方通行になりがちで、新しい視点を得るのには限界があるからなのです。

一方の**「発問」は、自己の考えや視点を深めたうえで相手から回答してもらうので、思いもよらなかった意見やアイデアを聞ける可能性が生まれます。**

具体的には「どう思いますか?」という「質問」をするよりも「あなたがそう考える理由は何ですか?」と相手に寄り添って「発問」するのがポイントです。

「発問」はチームのコミュニケーションを深めるだけでなく、メンバーそれぞれの思考力を鍛えることにもつながります。思考力は、問題解決や創造的なアイデアを生み出すために重要なスキルであり「発問」を通じてこれを鍛えることができます。

「発問」を行なううえで大切なことは、発問する人自身が正解を決めつけないことです。「発問」は相手の思考を深め、新たな視点やアイデアを引き出すためのものであり、自分の思考を押しつけるためのものではありません。「発問」をする際には、相手の意見やアイデアに耳を傾け、それを尊重する姿勢が求められます。

メンバー間のコミュニケーションを「質問」から「発問」を中心とするものに変えることが、チームの意思疎通を強めることにつながり、仕事をより創造的で生産的に進められるようになるでしょう。

「発問」のコミュニケーションは慣れが必要であり、最初は難しく感じるかもしれません。しかし、試行錯誤を繰り返すことで、必ずその効果を実感できるはずです。あなたのチームでも「発問」をぜひ試してみてください。

## ❼「自力」をやめて「協働」をする

「自力」とはひとりで成し遂げようとする姿勢を指します。これが生み出す「ひとりでやらなければならない」というプレッシャーはチームの成果を阻害する可能性があります。それに対し「協働」はメンバーと力を合わせて目標に取り組むことです。

ビジネスの世界では「ひとりでやり遂げる」ことが、強さや有能さの証しとされることがあります。しかし、それは偏った視点でしかありません。実際には、ひとりですべてをやり遂げることは困難で、リソースの無駄遣いにつながることもあります。一方の「協働」は、各メンバーの強みを生かし、より大きな成果を生むことができます。

このようなことをふまえて仕事に対する姿勢を「自力」ではなく「協働」にするためには、まず自分がすべてを把握し、コントロールしようとする思考を手放すことから始めましょう。**すべてを自分ひとりでやり遂げる必要はありません。自分の強みと弱みを理解したうえで、強みを最大限に生かすとともに、弱みを補うためにほかのメンバーと協力することが重要です。**

また、ほかのメンバーに対して「協働」の意識を持つことも重要です。ほかのメンバーの能力や知識を信頼し、それを活用することを心がければ、チーム全体の成果を改善することができるでしょう。また、ほかのメンバーから学ぶことにより、自分自身のスキルや知識も向上できます。

チームでの「協働」は、ひとりでは達成できないような大きな目標に取り組む際にも非常に有効です。また、チームメンバー間の信頼関係を深め、チームの結束力を高める効果もあります。「自力」ではなく「協働」することで、チームとしての強さと、それぞれのメンバーが持つ強みを最大限に生かすことができるのです。

チーム内で「協働」の姿勢を浸透させるためには、コミュニケーションが欠かせません。自分の考えや意見、困っていることを率直に共有し、ほかのメンバーの意見やアイデアを尊重しましょう。また、メンバー全員が「協働」の価値を理解し、それを実践するためのチーム文化を築くことが大切です。

チーム内ではメンバー全員が「協働」の姿勢を持つだけでなく、役割分担を行ない、共通のビジョンを持つことも必要です。役割分担が明確であれば、自分が何をすべきか、ほかのメンバーに何を任せるべきなのか、そしてどのように「協働」すればよいかがわかります。

このような「協働」の考え方をふまえて、ほかのメンバーなどからの異なる視点やアイデアを取り入れれば、より良い解決策を見つけ出せるようになります。ひとりでは思いつかないアイデアや、見落としてしまうような問題点を「協働」しているほかのメンバーが指摘してくれることで、チーム全体のパフォーマンスも向上します。

なお「協働」は「自力」で行なうよりも時間がかかるように思えるかもしれません。しかし、ひとりで行なう作業と比べて、最終的にはタイパにつながることをチーム全体で理解することが必要です。

## ❽ 「何を学ぶのか」より「誰と学ぶのか」を考える

個人を成長させる基礎となる「学び」は、単に新しい情報を吸収するだけでなく、新たな視点や考え方を理解することにもつながります。「学び」による個人の成長は、チーム全体にとっても有益です。ひとりではなくメンバーとともに学ぶことを心がけましょう。

自分で「何を学ぶのか」を考えるだけでなく「誰と学ぶのか」を重視することで学習のタイパが高まります。まずは自分が何を学びたいのかを明確にします。「新しいスキルを身につける」もしくは「新たな視点を理解する」といった「学びたいこと」が明確になったら、学びを深めるためにはどんな人と一緒に行なうのがよいのかを考えてみてください。

次に、学習環境を整えます。例えば、定期的な学習会を設けることや、チーム内で学び（失敗）を共有する場を作ることが挙げられます。環境面とともに、自分の学びをほかの人と共有することをチーム内で奨励する文化を育てることも大切です。

**ほかのメンバーと一緒に学ぶことは、信頼関係を築くことにもつながります。**信頼関係を構築してしまえば、過度な気遣いはなくなり、長時間の会議など無駄な業務が減ります。

なお「誰と学ぶのか」を考える時には、多様性を大切にしなければなりません。異なる意見や視点に対するオープンな姿勢とともに、自分の考えを柔軟に変える能力が求められます。自分と違う経験を共有してくれた人にも、大きくうなずいて歓迎しましょう。

多様な視点や経験を持つ人々と学ぶほうが、自分が思いもよらない新たな知識や視点に触れる機会が生まれます。新たなアイデアを生み出す刺激になり、チーム全体の創造性や革新性を高めることにもつながるのです。

このように、学びを自分ひとりのこととして完結させるのでなく「誰と学ぶのか」を考えることは、個々の学びを高めるのはもちろん、チーム全体の成長を後押しします。

また、多様性を尊重し、理解し合うチーム文化を育てることにもつながります。

多くの人と一緒に学び、成長し、そして新たな価値を創造していきましょう。それが、チームとしてタイパを高めることにつながるのです。

## ⑨「教える」をやめて「コーチング」する

チームの中で先導したり指導したりする立場にいる場合、時として「教える」(Teaching)ではなく「コーチング」(Coaching)を行なうことを意識し、コミュニケーションを図るようにしてください。

「教える」とは知識を伝えることであり、往々にして教える側と教わる側という上下関係を生み、上からの指示を聞くだけの〝制御された環境〟となり得ます。一方の「コーチング」は行動支援のことを意味し、教える側はあくまでもファシリテーター、つまり進行役になることを意味します。

クロスリバーでクライアント企業などに調査を行なった結果、この違いをきちんと理解しているビジネスパーソンはわずか5%でした。

「教える」ではなく「コーチング」を推奨する理由は、**今日のビジネスシーンにおいて、指示されたことをただ行なうだけの受け身の組織ではなく、自分で考えて行動するチーム**

が必要とされているからなのです。これは、分散型自律組織や自走する組織とも呼ばれるチームを作るアプローチでもあります。

時として「コーチング」を行なうことにより、個々のメンバーが考えて動く組織にしていかなければ、変化に適応したり、結果を継続して出したりすることが難しい時代になりました。私が新入社員だった20年以上前は、言われたことをただ行なうだけでよしとされ、上司の指示に従えば良い結果が得られていたものです。

また当時は、会社への忠誠心と上司への服従が大きく評価されていました。例えば、台風によって電車の運行が乱れている中、3時間以上かけて出勤した私を、当時の上司は褒めました。言われたとおり会社に来たことを評価してくれたのです。

しかし、時代は変わり、このような行為が期待される時代ではなくなりました。今では、指示に従うだけではなく、状況に合わせて柔軟に行動を変えることが求められます。

例えば、台風が来た時には、自宅作業に切り替える人もいれば、打ち合わせの現場に直行する人もいます。チームの目標を達成するため、柔軟な対応ができるようにさせるのが「教える」のではなく「コーチング」なのです。

クライアント企業における一流のビジネスパーソンの言動を分析した結果、**成功にとって重要な要素のひとつが、周囲のメンバーを巻き込んで、個人とチームが成長すること**であることが明らかになりました。そして彼らは「教える」と「コーチング」を使い分けていたのです。両者を選択する際には次の3つのことを判断基準にしているそうです。

まず1つ目は「緊急性」。今すぐやらなければならない、または早急に行動を開始しなければならない時は「コーチング」よりも「教える」ほうが適しています。具体的にどうやって行動すべきかを説明するほうが早いからです。

例えば、仕事で重大なトラブルが発生した際はメンバーに考えさせるよりも「教える」ことを最優先して「状況を確認する」「メールや電話で通知する」といった具体的なアクションを指示して動かせたほうが、顧客の不利益を最小限に抑えられるのです。

２つ目の判断基準は「情報量」と「経験量」です。これは「教える」相手が持っている情報や経験の量に関わります。例えば、新入社員が社内会議の準備方法を理解していない場合、まずは「教える」ことが必要であり、準備方法を理解できてから自分で考えさせるように促すのが適しています。

３つ目の判断基準は「成熟度」です。これは情報や経験量に関連しますが、ある程度経験を重ねている人に対しては「コーチング」が有効です。固定観念や過去の成功に縛られている人々の行動を変えられる可能性があり「コーチング」によって問題解決のプロセスを一緒に進められます。

後輩や新人に対しては「ただ教えればいい」と考えず、自分で考えて自ら行動する機会を与えてみてください。仮に軽い失敗をしたとしても、そこから得た学びを次の行動に生かせるようになれば、成功する確率は上がります。こうして自走するチームを構築していけば、リーダーの管理負荷が減り、チームは改善や挑戦を増やすことができるのです。

## コラム 4

# 会議の時間を75％以下にして残業を削減した（製造業　40代マネージャー）

大手製造業に勤務する40代のマネージャーは、部下たちの残業が多いことに頭を抱えていました。人事部からは残業削減の指示を何度も受けていたのですが、顧客が希望する納期に間に合わせるためにはチーム全体で勤務時間外にも作業をせざるを得ない状況だったのです。チームにおける仕事の内容を点検し、そのうえで何かをやめなければ、長時間労働は避けられませんでした。

そこで彼が目をつけたのが「会議」です。彼は、チーム内で行なっている日々の業務の中で「会議」という時間が適切に使われておらず、無駄に時間が取られていると感じる瞬間がたびたびありました。

例えば、とあるメンバーは会議中にほかの仕事を思い出し、会議の資料を確認しながら、別の作業を進めている姿も見ました。40代のマネージャー当人も会議に集中できず、ほかの仕事のことを思い出してしまうこともあったそうです。

そこで彼が取り組むことを決意した「会議の効率化」として、まずすべての会議を振り返り、本当に必要なものだけを残す作業を行ないました。残った会議については「アジェンダの明確化」「会議の24時間前までにはアジェンダを送付」「必要最低限の参加者の選定」「会議時間の短縮」といった改革も進めました。

その結果、会議の時間を全体の25%以上削減することができました。それればかりではなく、会議の質も向上。議論が深まることで良質なアイデアが得られ、チーム目標の達成に影響を及ぼしたといいます。

彼の取り組みは他部署にも広がり、全社的な会議の効率化につながりました。「会議」は時間を奪うだけの存在ではなく、効率よく運用すれば重要な意思決定をスムーズに行なうツールになるということです。

このような**「会議」の見直しは、一見、手間がかかると思われるかもしれません。しかし、それによって得られる時間やクオリティーの向上は計り知れないものがあります。**ぜひ皆さんも、会議の在り方を見つめ直してみてください。

## 2 インターネットなどを使った情報収集

インターネットを通じて手に入る情報量は計り知れません。しかし **〝海のように膨大〞な中から自分が必要とする情報を見つけるためには、ただ漠然と検索をかけるのではなく、目的を明確にして適切な検索をするスキルが求められます。**

また、検索エンジンにキーワードを入力して情報を得るのは簡単ですが、それが常に最善な情報取集の方法とは限りません。検索結果を通じて得られる情報があまりにも多すぎて、本当に必要な情報を探し出すのが困難になることもあります。

そんな情報検索において、時間的な無駄を生んでいることについて解説するとともに、その無駄を絶って仕事のタイパを高めるための具体的な方法を3つ紹介します。

### ❶ ×「インフォメーション」よりも◎**「インテリジェンス」が大事**

インターネットから入手できる情報の多くは、データや事実を集めただけの「インフォメーション」といえます。会社の業績、市場の動向、製品の仕様などがそれに当たりますが、どんなに重要そうに思える「インフォメーション」でも、そのまま使うのには不十分だということを肝に銘じておきましょう。なぜなら「インフォメーション」の多くは、せっかく集めたとしても、自分の仕事に対してどのような意味を持ち、どう利用すべきなのかが、往々にして不明確だからです。

それに対して**「インテリジェンス」とは「インフォメーション」に意味や価値を与える解釈、および未来の行動に寄与する〝整理された情報〟のこと**を指します。

収集した「インフォメーション」を解析し、そこに含まれる意味や、活用する方法を見いだすことが「インテリジェンスにアップグレードする」ということなのです。

この「インフォメーション」と「インテリジェンス」の違いを理解するとともに「インフォメーション」ではなく「インテリジェンス」としてまとめて、自分の行動や決定に反映させる能力が、情報のあふれる現代社会では重要な情報収集のスキルといえます。

具体的な方法としては、まず「インフォメーション」を収集する際に、売り上げの推移や市場規模の対前年比といったデータが意味していることや、その背後にある状況などを理解するように心がけながら「インフォメーション」が使えるかどうかを見定めます。

次に、有益だと判断した「インフォメーション」であれば、自分が抱えている仕事や所属している組織にとってどんな影響を与えるのかを分析します。例えば、商談相手の業界に関する市場規模を示したデータの場合、今後さらに厳しい状況に陥りそうなのか、または現在は〝底打ち〟の状態で今後は上向きになりそうなのかを読み解きましょう。また「インフォメーション」が示しているデータの傾向やパターンも見つけて、それが現在または未来の仕事に対してどのように関わるのかを考えることも重要です。

以上のことを通じて「インフォメーション」に意味や価値を加えたら、それを仕事で活用できる「インテリジェンス」に変えます。例えば、今後さらに厳しい状況に陥るという結論であれば、商談相手に対して、コストの削減や事業の効率化に関する提案資料をまとめるなど、具体的な行動や戦略を立てましょう。

このように「インフォメーション」ではなく「インテリジェンス」を提供することにより、情報収集そのものの意味や価値を改めて認識できるのです。

その結果、自分が所属している組織の課題や目標に対して、より有効で価値のある「インテリジェンス」を提供することができるようになります。前述の方法を通じて〝真の情報収集〟のスキルを、ぜひ身につけてください。

## ❷ ×「まずインプット」をやめて ◎「先にアウトプット」を意識

何らかの知識を身につける学習法といえば、まずは情報をインプットして理解し、自分の中で〝消化〟したうえでアウトプットするといったステップが取られてきました。

しかし、これは常に最善な学習のステップとは限りません。それどころか「インプット↓アウトプット」の順番にとらわれてしまうと、学習するうえで本当に必要な情報を見つけることが難しくなってしまいます。

そこで実践すべきなのは「インプット↓アウトプット」ではなく「アウトプット↓インプット」という順番での学習です。**まずは自分が知りたいこと、つまりは「インプットする情報の目的＝アウトプット」を明確にしましょう**。これにより、本当に必要な情報だけを集められるようになり、学習の効率を高めることができるのです。

これをビジネスの具体的な情報収集に置き換えて考えてみましょう。例えば、あるビジネスのプロジェクトを進めるためには、あらかじめ一般的な情報を大量に集めておくのではなく、まずはプロジェクトの目標とタスクを明確にし、必要な情報だけを集めるほうが時間を無駄にしなくてすみます。

そして、収集した情報をもとにプロジェクトのタスクに取りかかり、その結果から考えられるアウトプットに必要な情報をさらに集める……といったサイクルを繰り返すことで、効率よくプロジェクトを進めることができます。

また「先にアウトプット」を意識することは、自分の理解を深める有効な手段でもあります。情報をただ集めて頭の中に入れるだけでは、それが本当に理解できているのか、実際の状況にどのように適用できるのかがわからないこともあります。しかし「先にアウトプット」を意識すれば、情報を本当の意味で自分のものにすることができるのです。

このアウトプットを優先するアプローチは、新しい情報を効率的に習得し、それを実際の仕事に適用するための方法として、今後ますます重要性を増していくでしょう。ぜひチャレンジしてみてください。

## ❸「検索頼り」をやめて「上手に質問」する

情報はインターネットのほかに、本や新聞といった媒体から得られますが、それらから得られるものだけが有益な情報とは限りません。

人づてに何かを聞くことは、インターネットをはじめとする媒体で調べるよりも、自身で何かを知りたいのか、どんな情報が必要なのかを明確にすることができます。なぜなら、誰かに何かを尋ねる際には、自身が知りたいことを具体的にしなければ、明確な回答を聞き出すことができないからです。

また、チームのメンバーから話を聞くことが、コミュニケーションにおいて重要な役割も果たします。相手の考えや興味に触れられることで、深い理解を得られるはずです。

その際に重要なのが「上手に質問」すること。自分が何を知りたいのかを明確にし、具体的な質問を考え、相手の回答を注意深く聞くようにすれば、必要な情報を効率的に得られるはずです。

また、誰かに尋ねることに不慣れな人や恐怖心を抱いている人は、それを克服することも重要です。「質問するとバカに見られるのではないか」という恐怖心は、多くの人が持っているものです。しかし、それを克服し、聞きたいことを尋ねる勇気を持つことで、より深い理解と学びを得ることができます。

このほかにも、他人の回答を注意深く聞き、理解し、それに対してさらに話を聞き出せるような〝リスニング〟のスキルも重要です。そのことを念頭に置きながら、情報収集の能力を磨いていきましょう。人とのつながりの中で、相手に興味を示しながら尋ねれば、不快にさせることを避けられます。

ここまで説明したように、質問は情報を得るための有効なツールです。質問を通じて、我々は自分が何を知りたいのか、どんな情報が必要なのかを明確にすることができます。また前述のとおり、質問は他人とのコミュニケーションにおいても重要な役割を果たします。他人に対する適切な質問は、相手の考えや知識を引き出し、深い理解を得ることを可能にします。

質問を立てるためには、相手から具体的な回答を得られるよう、前述のようにまず自分が何を知りたいのか、どんな情報が必要なのかを明確にします。それをもとに、その情報を得るための具体的な質問を立てます。質問は具体的で明瞭であることが重要であり、抽象的な質問よりも具体的な質問のほうが必要な情報を得やすいです。

質問によって得られた情報は、ネット経由で得ることができない希少なものかもしれません。**「知りたいけれど、なかなか入手できない情報」こそ、価値が高いのです。**インターネットで誰でも探すことができる情報よりも、特定の人しか知らない情報は、勇気を出して尋ねることで入手できるかもしれないことを覚えておきましょう。

また、ヒアリングの中で思わぬ貴重な情報を入手できることもあります。インターネットに依存することなく、相手に質問することで、偶然を必然にしてみてください。

コラム 5

## 「共有」を「実践」に置き換えたら売り上げが3年連続で30%アップ

(不動産業 40代リーダー)

不動産に関する中堅規模の企業で営業リーダーを務める40代の女性リーダーは、働きすぎて体調を崩した経験がありました。育休明けで復帰した後、チームメンバーたちに負けないように意気込んでしまったそうです。プレイングマネージャーとして日中は顧客の対応に追われ、夜や休日はマネージャーとして管理業務を行なっていたことで、家から一歩も出られないほどの体調不良に見舞われました。そこで、彼女は自分とチームの時間的余裕を生み出すため「共有方法の改善」に着手したそうです。

以前のミーティングでは、各自が今週の活動や成果を共有し、次に何をすべきなのかを語り合うことに多くの時間を取られていました。そのことが結果として時間を奪い、その場で解決されない問題や課題が次のミーティングに持ち越されるという、無駄なサイクルを生んでいたのです。

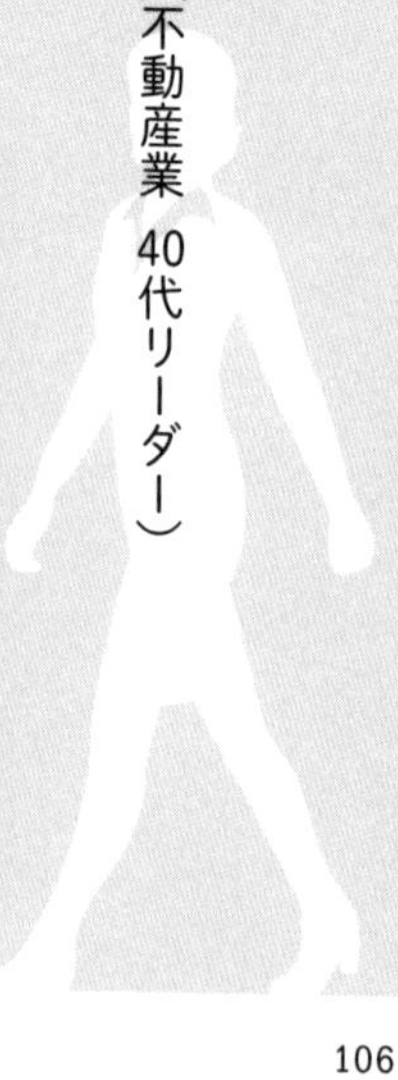

そこでこの女性リーダーは「共有だけの会議」をやめてみることにしました。ミーティングの時間は問題解決に専念するために使い、各自の活動報告や成果を事前に書面で提出してもらう形にしました。これによって、ミーティングの時間は有意義な議論に費やすことができるようになったそうです。

さらに彼女は、会議の議題を「全体の課題」に絞り込むことにしました。これにより、個々人の課題よりもチーム全体で解決すべき課題に焦点を当てることができ、より効率的に議論が進むようになったといいます。

この女性リーダーは「タイムマネジメント」にも力を入れました。ミーティングは必ず定められた時間内に終了させ、そのために議題の数や議論の進行速度を厳密に管理したのです。その結果、ミーティングの時間が延長されることがなくなり、ほかの業務に影響を与えることもなくなりました。

これらの改革の結果、女性リーダー自身の仕事量は減り、体調を崩すことはなくなりました。また、チームの売り上げは前年比30％以上が3年以上も続いています。産休や育休で稼働メンバーが減ったにもかかわらず、成果を出し続けるチームを作ることができたのは**「共有」ではなく「実践」を優先させた結果**だといえるでしょう。

ほかのチームより多くの実践を重ね、多くの学びを得て、営業手法も進化させていきました。現在では、オンライン商談での成約率が40%を超えて社内でトップに。既存顧客の解約率は社内で2番目に低いそうです。

これらの経験により、時と場合によって「共有」が「無駄」となり、それを削減することで仕事の効率性を高められると感じたそうです。女性リーダーの言葉を借りるなら「無駄を省くことで、本当に必要なことに集中できる。それが結果として、自分自身の働きやすさと企業の成果につながる」のです。

あなたも会議で無駄な時間を過ごしていませんか？　もしそうなら、女性リーダーのように「共有」をやめて「解決策の議論」に時間を割くという新しい試みをしてみてはいかがでしょうか。まずは3回だけトライしてみてください。「意外とできた」と思ったら続けてください。

## 3 アウトプット〜資料・手紙・メッセージ

ここでは、資料、手紙、メッセージなど、仕事の相手に何かを渡す＝アウトプットの無駄を取り除く方法を紹介します。前述のような方法で効率よく情報をインプットしたとしても、整理してアウトプットしなければ、その効果は半減してしまいます。

例えば、一生懸命に情報を集めて資料を作成したとしても、上手にまとまっていないと、読み手はその資料から必要な情報を効率よく抽出することができません。そうなると、あなたがかけた時間と労力は無駄になってしまうでしょう。

そのため、**アウトプットする際は、整理された必要な情報だけを選択し、それを効果的に伝えるためのスキルが必要です。**ここで紹介する無駄の取り除き方を実践し、アウトプットがより効果的になれば、仕事の成果は大きく向上します。

## ❶「伝える」ではなく「伝わる」を目指す

コミュニケーションを取る際、特に書面で「伝える」場合は自分の考えを端的に書き留めていく一方、そのメッセージが相手にどう「伝わる」のかについて、あまり深く考えないことがよくあります。しかしビジネスの世界では、ただ情報を「伝える」だけでなく、メッセージの意図が正確に「伝わる」ことが重要になります。

それでは「伝わる」ためにどうすればよいのでしょうか。まずは、自分が伝えたい情報を整理し、それが何を意味するのか、何を伝えたいのかを明確にしましょう。

次に、相手にはどのような背景があり、どんな知識を持っていて、何に対して興味関心が高く、どのように情報を受け取るのか……といったことを丁寧に考えるようにします。そうすれば、情報が伝わりやすくなる文章の内容や流れとともに、データの効果的な提示方法を検討しやすくなります。

意図しない誤解を招くことなく、メッセージが効果的に「伝わる」ためには、相手への伝わり方や反応について想像をめぐらせながら、相手が提供した情報をどう受け取り、どのように使うのか、といった「仮説」を立てる必要があります。特に文化などの背景が異なる国や業種の人々とのやりとりは、メッセージがどう解釈されるのか想像力を働かせることが一層重要です。

情報を整理して伝わり方などを考えることは、いきなりできるものではありません。このような能力を訓練と経験をもとに身につけて、より効果的なコミュニケーションを図れるようにしましょう。

これからは、あなたがメッセージを書いたり資料を作ったりする際に、**自分が伝えたいことだけでなく、それがどう伝わるのかを考えてみてください。**それが「伝える」から「伝わる」への第一歩となります。

## ❷「解決」をやめて**「共感」**する

例えば、仕事の同僚が問題や困難に直面した時、私たちは自然とそれを「解決」しようとします。しかし、その行為が必ずしも相手の要望や期待に応えるわけではありません。

一例として、とあるメンバーが課題に直面し、その苦悩をあなたに打ち明けたとしましょう。その時、あなたはすぐに対策案を提示して、問題を「解決」しようとするかもしれません。しかし、そのメンバーは「解決」策を求めているのではなく、課題に対する悩みに「共感」し、理解してほしいだけなのかもしれないのです。

**大切なのは、相手が何を求めているのかを理解し、その要求に応じて対応することです。**すなわち、時と場合によっては「解決」だけではなく「共感」を提供するのが得策でしょう。それによって、相手は自分の思いが理解され、受け入れられたと感じるはずです。その結果、コミュニケーションの質が向上し、チーム全体の結束力も強まることでしょう。

相手に「共感」をすることで、自分自身の視野も広がります。いきなり「解決」に焦点を当てると、結果や回答を導き出すことに意識が集中し、思考が狭まる傾向にあります。それに対して「共感」をすることは、自分以外の視点にも目を向けようと思考が働く結果、新たな理解や洞察を得ることにもつながるのです。

これは、資料やメールの作成にも当てはまります。ただ単に情報を伝えるだけでなく、受け手の立場や感情に配慮した内容を含ませて作らなければなりません。そのことが「伝わる」資料やメッセージを作るための秘訣といえるでしょう。

「解決」から「共感」へと視点を転換することは手間がかかり、面倒に思えるかもしれません。しかし「共感」によって生み出す信頼関係は、長期的に見るとチームのパフォーマンス向上に直結します。必要に応じて「解決」ではなく「共感」を選びましょう。

## ❸「理解」を求めずに**「納得」**させる

「理解」と「納得」は同じように思えますが、実は大きな違いがあります。

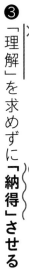

「理解」とは、情報が頭に入ってくることや、言われたことについて把握できたことを意味します。しかし、それはあくまで一方的な行為であり、受け取った情報をどう捉えて、どのように感じ、どういった行動に及ぶのかまでは含まれていません。

一方の「納得」とは、受け取った情報を自分の中で消化し、自身の考えや行動に反映させようとする意識も含まれます。インプットする際に「理解」ではなく「納得」を心がけることは、情報をただ受け取るだけでなく、自身の思考力や判断力を育てることにもつながります。

アウトプットにおいて「理解」を求めずに「納得」を目指すというのは、どういうことなのでしょうか。例えば、あなたがプロジェクトの進行状況をメンバーに伝えるとします。その時、ただ情報を伝えて理解してもらうだけではなく、メンバーがその情報をもとに自分のタスクを調整したり、新たな提案をしたりすることが大切です。

これが「納得」を目指すということです。その結果、メンバーは自分自身の思考と行動に責任を持つようになり、チーム全体の自律性と創造性が高まります。

「理解」だけでなく、その先の「納得」を目指すという考え方は、資料やメールの作成にも適用できます。ただ単に情報を伝えるだけでなく、読み手がその情報をどう受け取り、どのように行動するのかを想定し、それを促すような表現にする工夫が求められます。

また、読み手が〝自分事〟として情報を捉えて、自身の考えを形成することを後押しするように提供することも心がけましょう。

「理解」を求めることは重要ですが、それだけでは不十分です。**「納得」を目指すことで、**

**相手が自己決定し、自ら行動する力を引き出せるようになり、結果としてチーム全体の生産性や創造性を高めることができます。**日々のビジネスコミュニケーションで心がけるべき大切な考え方として覚えておいてください。

## ❹「キーボード入力」をやめて「手書き」にする

多くの仕事において、ＰＣやスマホで文字を入力する作業を避けることはできません。例えば、ＰＣの場合は、物理的なキーボードを使って入力することが多いでしょう。しかしその作業は、万能ではありません。書き方によっては無機質な文字をやりとりすることになり、相手の感情に訴えることができないのです。

そのため、時と場合によっては、キーボードで入力した文字よりも、相手に気持ちが伝わりやすい手書きの文字を使うようにしましょう。

キーボードで打ち込む一般的なフォントの文字は、当然ながら誰が書いても同じような見え方になります。一方、手書きの文字は人の個性が反映されやすく、メッセージを特別なものとし、受け取った相手に感動や喜びをもたらすこともあります。

それはまるで著者による手書きのサインが加わった1冊の本のように、一瞬にして価値が上がるのと同様だと考えます。

また、手書きの場合はメッセージを送る側の思考を深める効果もあります。キーボード入力の場合はタイピングする速度に思考が追いつかず、要件だけを伝える形式的なメッセージになりがちです。一方、手書きの場合はキーボード入力よりも書くスピードが遅いため、一文字一文字を記している間に思考を深める余裕が生まれます。その結果、より洗練された表現の言葉が生まれることにもつながります。

もちろん、すべてのメッセージを手書きにすることは現実的ではありませんし、それが必ずしも良い結果を生むわけでもありません。**大事なのは、状況や相手に合わせて、最適なコミュニケーション方法を選択することです**。大切な人に対するメッセージには、手書きの力を活用してみてください。その一筆が、相手の心に深く刻まれることでしょう。

## ❺「保管」をやめて「撮影」する

多くのビジネスパーソンは日々、多くの情報に接しています。紙の資料や手紙などのメッセージは、業務にとって重要な情報を伝達する手段ですが、すべてを保管し続けるには物理的なスペースを確保しなければならず、保管しても必要な情報を探すのに時間を取られてしまいます。そこで提案したいのが「保管」をやめて「撮影」する方法です。

紙の資料や手紙などのメッセージは、スマホのカメラを使って撮影するようにしましょう。そうすることで、大量の紙の山から解放され、また必要な情報にすぐにアクセスできるようになります。撮影によってデジタル化できた資料やメッセージは、クラウド上で整理すれば、どこからでもアクセスできるようになります。情報を見つけるための時間が大幅に短縮され、生産性の向上にもつながるのです。

さらに、デジタル化した資料やメッセージは、デジタルツールを使って編集することも可能です。ハイライトをつけたり、コメントを追加したり、必要な部分だけを切り出して保存したりすることで、自分だけのデータベースをまとめられ、より効率的に情報を管理できます。

しかし、紙の資料や手紙などのメッセージを、すべてデジタル化することが最善とは限りません。法的な理由で原本が必要な場合や、大きな図面などの場合は物理的な紙のほうが閲覧しやすいこともあります。どの情報をどういった形で保存するのか、組織内でルールを作りましょう。

なお、情報のデジタル化はプライバシーとセキュリティーの問題を引き起こす可能性もあります。重要な情報は適切に保護する必要があり、そのための手段として、パスワード設定や暗号化などを忘れてはなりません。

情報をデジタル化することで、ほかのメンバーとの共有も容易になります。**必要な人に必要な情報を迅速に提供することができれば、チーム全体の生産性を向上させることができます。**資料やメッセージを「保管」するのではなく「撮影」することで、よりスムーズで効率的な情報管理を実現しましょう。

解説

## 「伝わらない」病を治す3つの処方箋

自分の発したメッセージに対して「誤解されているかもしれない」「相手から期待する反応が得られない」と思う場面に遭遇することはありませんか？
コミュニケーションが困難だと感じる場合には「自分では効果的にコミュニケーションを取っているのに、きちんと話を聞いてくれない」という具合に、相手を責めてしまうこともあるでしょう。

そのようなコミュニケーション上の悩みや問題が人間関係に悪影響を及ぼさないようにするために実践したい、3つの「処方箋」について紹介します。

コミュニケーションのステップには次のページで紹介している図のとおり、6つの段階があります。自分が主役の「伝える」ステップは、①感情を表現することと、②メッセージを伝えることの2つのステップで構成されます。その後にある相手が主役の「伝わる」

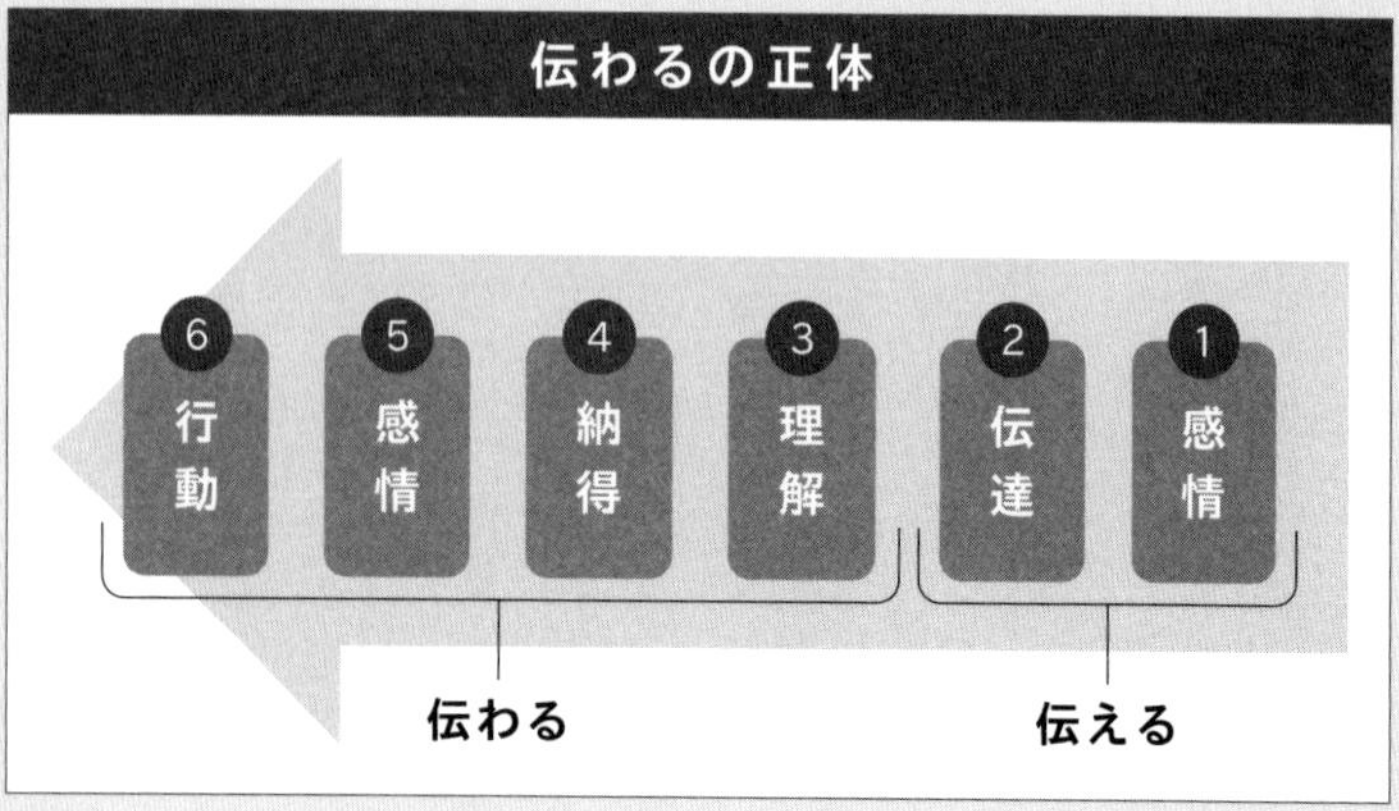


ステップは、受信者がメッセージを③理解して、④納得し、その結果、⑤感情が変化して、⑥行動が変わる……という4つで構成されています。

これら合計6つのステップが「伝える」から「伝わる」へ変えるプロセスとなり、きちんと把握して実行することで、メッセージを効果的に伝えられ、理解されるようになるのです。

このプロセスによって「伝わらない」ことが完全になくなるとは限りません。しかし、メカニズムを理解しておくことはミスコミュニケーション（誤解を招くコミュニケーション）を大幅に減らすことにつながります。

なお、このプロセスには3つの問題があります。その治療方法も教えましょう。

まず「伝える」側が自分の感情を込めていないと、そもそも相手に伝わりません。ただ単に情報を伝えるだけのコミュニケーションでは、どんなに丁寧な文面でも自分の意図はなかなか伝わらないのです。

例えば、スマホの新商品を説明する時に「本当にそれが使いやすいと思っているのか」それとも「仕方なく説明しているのか」によって、伝達するエネルギーのレベルが全く異なります。自分が信じていないものを強引に売ろうとすると相手には伝わりません。本気で使いやすいと思えば伝える側の熱量が高くなり、そのエネルギーは相手に伝播します。

つまり伝わるコミュニケーションの基礎となるのは、あなたの感情なのです。自分の感情を無視して伝達だけにフォーカスしてしまうと決して伝わりません。あなたが誠実に、本気で伝えたいと思うことこそが1番目の処方箋です。

次に挙げるのは、情報の送り手が、受け手に対して過度な期待や想像をしてしまうという問題です。

発信したメッセージを相手が理解してくれただろうと勝手に思い込み、また理解されれば相手は伝えたとおりに動いてくれるだろうと一方的に決めつけてしまうことはないでしょうか？　でも実際にはそうならず、ストレスを感じてしまう人は多いです。これは「理解妄想病」と呼ばれています。前出の図を使って説明するなら、③理解、④納得、⑤感情を飛ばして、②の後に⑥が起きると思ってしまっているといえます。

③「理解」の段階では、伝える情報が増えれば増えるほど、相手に理解されるだろうと考えてしまう誤解が生じます。実際には情報量が増えるにつれて、受信者がアクションを起こす可能性は低くなります。肝心なのは、最も重要なポイントを明確に伝え、相手がそれを理解し、受け入れていることを確認することです。

③「理解」における誤解を生じさせないためには、相手が理解できないような〝なじみの薄い〟キーワードや専門用語を使用しないようにしましょう。例えば「グローカル」という用語を使用した場合、その言葉が相手にとって聞き慣れていないとメッセージは伝わりません。もちろん、相手が用語の意味や使われる背景などについて理解していれば、使用しても問題ありません。

相手の理解度は、聞いている際の表情、特に眉毛の動きや目つきで判断できます。眉毛が中央に寄って眉間にシワができていたり、目を細めたりしていれば、理解していない可能性が高いです。一方、うなずいたり、口角が上がったりすれば理解している証拠だと考えていいでしょう。

④「納得」の段階では、より具体性を持った情報を伝えることで、相手に当事者意識を持ってもらうことが必要です。数字やデータ、事例を用いると「具体性を持った情報」となり、相手が納得する確率は高まります。例えば「真っすぐ走れば目的地に着く」と伝えると理解はするかもしれませんが、納得してもらえるかどうかはわかりません。一方「200メートル進むと右側に目的地が見えます」のほうが情報は具体的かつ明確なので、目的地にたどり着くことが「納得」しやすくなります。

自分の発言で数字やデータを使えない場合は、例を挙げてください。「あなたと同じように頭痛に悩まされている人の多くは、首の緊張を和らげたら症状がラクになったそうです」と伝えると、相手は納得し、同じような対処を試みようとするでしょう。

あなたの主張に対して相手が理解できない、または納得できない場合は、このようにデータや例え話を使いながらメッセージを伝えるように努めてください。これが、2つ目の処方箋です。

⑤感情と⑥行動の関係性によって「不満を取り除いたら相手は満足して行動してくれるだろう」と誤解してしまう問題が生じることもあります。いわゆる「満足誤解病」です。

「満足」というポジティブな感情を抱くためには、プラスの効果や追加のメリットが必要です。一方「不満」や「不快」といったネガティブな感情はマイナスの状態であり、原因を取り除いてもゼロ（フラット）になるだけで、プラスになる＝ポジティブな感情にはなりません。各企業が行なう従業員の満足度調査で不満要素を見つけて解決したとしても、翌年の満足度が必ずしも高まることはないのと一緒です。

そのため、相手を「満足」の状態に至らせるには、不快を取り除くだけでなく、感情がプラスになるようなことを付与するようにしましょう。そうすれば相手側が「満足」の状態に至り「内発的動機」が刺激されて、こちらが期待しているような「行動」を、自らの意志で起こしてくれるようになります。

例えば「このマニュアルを読んで勉強しなさい」と伝えるのではなく「この家電製品は

時短効果があるので、マニュアルを読んでおいてください」と、相手のプラス感情を刺激するように伝えたほうが、そのメリットに気づき、読み進めてくれるというわけです。

相手を褒める時も、相手の感情をポジティブにすることを意識してください。例えば、最初にポジティブな言葉を使い、その後に具体的な理由を続けるのがポイントです。

具体的には「あなたのシャツは素敵です」と言う代わりに「素敵ですね、そのシャツを選んだあなたのセンスは」と伝えましょう。外見ではなく内面、結果ではなくプロセス、成果ではなく能力にフォーカスを当てることで、相手のプラス感情は高まります。

相手の感情を効果的にかき立てると、行動を促せる可能性があります。単にネガティブな感情を減らすのではなく、ポジティブな感情を増やすことが3つ目の処方箋です。

これら3つの処方箋をぜひ試してみてください。

## 4 タイムマネジメント

時間は我々がコントロールできる、いわば〝唯一の資源〟です。そして、使い方次第で生産性と成果を上げることができます。そのために必要なのが、自分自身で時間をコントロールできるようにする「タイムマネジメント」です。

時間の使い方を明確にしたうえで「どのタスクにどれだけの時間を割くのか」「タスクの中でどれを優先すべきなのか」などを自分自身で決定しながら「タイムマネジメント」をすることで、仕事を効率化できるのはもちろん、自身の生活をよりよくコントロールできるようになります。

**「タイムマネジメント」は、ただ単に時間を節約するだけではなく、自分の時間をより有意義に使うためのスキルです。**本パートで紹介する7つのタイムマネジメント手法のどれかひとつでも、あなたの仕事でぜひ実践してみてください。

## ❶「時短」をやめて「タイパ」を重視する

「タイムマネジメント」の話になると、大抵の人が最初に考えるのは「時短」です。それは時間を節約し、効率を高めることを意味します。しかし、これは本当に適切な方法なのでしょうか。私としては「時短」ではなく「タイパ」を念頭に置くべきだと考えます。

本書のテーマである「タイパ」とは「タイムパフォーマンス」の略で、時間の使い方を上手にコントロールし、時間を最大限に活用することを意味します。つまり、ただ単に時間を節約する「時短」ではなく「時間をどのように使うか」「最大限に活用するためにはどうすればいいのか」を考えましょう。仕事に必要なメールを例に挙げるなら、メールを素早く処理すること（時短）は大切ですが、それよりも処理した後の時間の有効活用を重視するのが「タイパ」の考え方です。

仕事の効率化によって早く帰宅する時間が生まれたら、趣味や自己啓発、そして家族との時間に使うことができます。さらなるスキルアップや新たなプロジェクトに投資することも可能です。このように**得た時間を有意義に使うことが「タイパ」の本質です。**

「タイパ」の考え方を取り入れるうえで大切なのは、自分自身の価値観や目標に基づいて、何を重視し、何を達成したいのかを明確にすることです。それができれば、時間をどう使うべきかが見えてくるはずです。

さらに「タイパ」を高めるためには、自己管理のスキルも必要です。自分自身のエネルギーレベルを理解し、ピーク時（好調時）には重要なタスクを、低調時には比較的簡単なタスクを行なうといった自己調整が求められます。

パフォーマンスを維持し、作業効率をさらに高めるためには、適度な休息やリラクゼーションを取り、コンディションを維持することも重要です。

このように時間だけでなく自分自身も管理して制御するという「タイムマネジメント」の考え方を持ち「時短」をやめて「タイパ」にシフトすることで、時間を最大限に活用することができます。その結果、生活をより豊かで有意義なものにできるはずです。

## ❷「丁寧にゆっくり」をやめて**「サッサと」**やる

一般的に、重要な仕事を手がける時には「じっくり」取り組むことがよしとされます。しかし、それがいつも最善の方法であるとは限りません。「じっくり」取り組むことが、時には進行を遅らせ、効率を下げる原因となることもあります。そこで考えるべきなのが、タスクによっては「丁寧にゆっくり」をやめて「サッサと」やるということです。

「サッサと」やるとは、必要以上に仕事の下準備に深入りせず、素早く行動に移すことを指します。これには**「完璧主義」から「いいものを早く」という思考にシフトすることが必要です**。すべてを完璧にしようと思うと結果的に時間がかかりすぎて、ほかの重要なタスクに取り組む時間が減ってしまいます。一方「いいものを早く」を目指せば、時間の効率化が図れるとともにストレスの軽減にもつながるのです。

ただし「サッサと」やることには注意が必要です。「サッサと」やると聞くと「適当でいい」に思われるかもしれません。しかし実際には「適度な手間をかける」「適切に実行する」ことが求められます。また、すべての仕事を「サッサと」やるのではなく、タスクの重要性を見極めて、時には「丁寧にゆっくり」取り組むことも必要です。

日々のルーチンワークや、すぐに結果が見えるようなタスクでは「サッサと」やることが有効です。しかし、新しいプロジェクトの立ち上げや、複雑な問題解決を求められる場面では「丁寧にゆっくり」取り組むことが求められます。後者だと判断した仕事でも、入念な計画を立てたり期間を区切ったりして、無駄なく効率的に動けるようにしましょう。

なお「サッサと」やるためには、意思決定を迅速に行なう能力も必要となります。それはつまり、十分な情報を得たうえで、素早く行動に移す力です。そのためには、自身の直感や経験に頼ることも重要です。

時には「丁寧にゆっくり」取り組むのをやめて「サッサと」やることによって、時間を有効に使えるようになり、自分のパフォーマンスを最大限に引き出すことができます。自分自身の時間を最大限に活用するため、今までの働き方をぜひ見直してみてください。

## ❸「努力」をやめて「準備」をする

「努力」は一般的に良いこととされています。しかし、時として「努力」が時間を浪費する行為になることもあります。あくまでも「努力」は手段であり「目的」ではありません。あまりにも「努力」にこだわりすぎると、本来目指すべき「目的」から目を逸らすことになり、結果的には時間を無駄遣いしてしまうことになりかねません。そんな状況に陥らないためには「努力」をやめて「準備」をするという考え方を持ちましょう。

「準備」をするとは「目的」を達成するために必要なステップを計画し、それに基づいて行動することを指します。これはただ単に「努力」をするよりも効率的に「目標」へ近づくことができます。

例えば、新しいスキルを習得する場合は「努力」だけでなく「準備」が欠かせません。情報の収集、計画の立案、適切なリソースの確保なども「準備」に含まれます。

「準備」をすることで「努力」の方向性が明確になり、時間を有効に使うことができるようになるのです。それは、無駄な「努力」を減らし、必要最低限の「努力」に集中することを意味します。その結果、全体の作業効率が向上し、より多くの仕事をこなせるようになるでしょう。

ただし「準備」は完璧である必要がありません。時には「準備」が過度になり、それ自体が時間の無駄になることもあります。そのため、大切なのは「適度な準備」であり、あくまでも「目的」を達成するために必要な最小限の「準備」をしましょう。そのことが、無駄な「努力」を省き、時間を有効に使えることにもつながるのです。

「努力」をやめて「準備」をするという考え方を持つことは、単なる時間の効率化ではなく、自身のスキルや能力を高めるための重要なステップでもあります。**「努力」をすることによって自分を安心させるのではなく、不安があるからしっかり「準備」するほうが成果につながります。**

限られている時間を有効活用するためには「準備」を通じて時間を最大限に活用し、自身の能力を最大限に引き出しましょう。

## ❹「必ずやり切る」をやめて「時にはあきらめる」

「やり切る」という言葉には、あらゆる挑戦を完了するという強い意志が込められています。しかし、時として効率的な「タイムマネジメント」を阻害する原因になります。なぜなら「やり切る」という考え方は、ある種の完璧主義を生み出し、本当に重要なタスクに対してリソースを集中することの妨げになるからです。

これに対して「あきらめる」という考え方は、重要なものだけにリソースを集中させ、それ以外については手放すことを意味します。

「あきらめる」という行為は否定的な意味だと捉えられることが多いですが、この場合は少し違います。「あきらめる」とは「やり切る」ことが求められるすべてのタスクについて「自分にとって本当に価値があるのか」「自分のゴールに対して本当に貢献するのか」を考え、その中でも「Ｎｏ」に該当したタスクを手放すことです。

１日にこなせる仕事量には限りがあります。「目標」の達成には無関係に思われる仕事や、時間を費やしても成果につながらない仕事に対して「あきらめる」勇気を持つことが重要です。

また、**抱えている仕事の中から「あきらめる」ものを選択する行為は、自分自身に対する理解を深めることになります。その結果、自分が何を本当に望んでいるのか、何に価値を見いだしているのかを明確にできるはずです。**

「やり切る」をやめて「あきらめる」を選択することで、自身の価値観を見つめ直し、限られた時間を自分のために最大限に活用できるようにしましょう。そのことが、より大きな成果を生むことにもつながるのです。

## ❺ ×「ただ続ける」のではなく冷静になるために◎**「止める」**

何らかの締め切りに追い詰められている時、頭を下げて仕事を継続することはないでしょうか。しかし、そのような状況では、作業を「続ける」のではなく「止める」＝「一時停止する」ことを選択し、一歩引いて全体を見渡すことが必要になります。このことが結果として、限られた時間を最大限に活用するための〝戦術〟となるのです。

焦点を絞りすぎると、自分がどういう状況にいるのか、全体像が見えなくなることがあります。それにより、本当に必要な作業を見失ったり、優先順位を見誤ったりする可能性があります。その結果、時間を有効に使えずに、仕事が増える一方になってしまう人も多いのではないでしょうか。

そんな状況に陥ったら、**あえて作業の手を「止める」ことで、自分の時間とタスクについて客観的な視点を持ってください。**最も重要で時間を費やしているタスクが何かを理解でき、優先順位の見直しや、使用している時間の効率化を図れるようになります。

作業を「止める」ことは、自身の精神的な健康状態の向上にも役立ちます。一時的に離れた仕事のストレスから解放されることで、心身ともにリフレッシュできます。

これにより、作業に戻った時には、よりクリアな視点と新鮮なエネルギーで仕事に取り組めるのです。「止める」ことによって冷静になることは、時間を最大限に活用するための重要な戦略といえるでしょう。

あえて作業の手を「止める」ことで冷静になり、仕事に対する自分の視点を新たにし、より効率的な時間管理を実現してみてください。きっとストレスも軽減され、自分自身の精神的な健康も維持できるようになるでしょう。

## ❻ 「計画」を減らして「実行」を早める

「計画」に要する時間を減らして「実行」にシフトすることは、生産性を向上させる最も効果的な方法のひとつです。「計画」を立てるのは大切ですが、練ってばかりいても何も成し遂げられません。入念な「計画」を考えることへの〝執着〟は、私たちが真の成果を出すための時間を奪います。それは「分析麻痺」と呼ばれる状態を引き起こし、達成したい目標から遠ざかってしまうのです。

「計画」は重要ですが、それ自体を目標にしてはいけません。タスクやプロジェクトを完璧に「計画」することは、時に困難で、時間を過度に浪費する可能性があります。

**そこで大切なのは「計画」を「完璧」にするのではなく、不完全な状態で行動に移る＝「実行」し、そして途中で修正することです。**

時として最初の一歩を踏み出すのが最も困難なこともあります。しかし、いったん動き出すと、私たちは前進する勢いを得て、仕事を達成するためのエネルギーが自らの中から生み出されます。

「計画」の重要性を否定するものではありません。しかし、それが「実行」を阻害する要因になってはいけません。「計画」と「実行」はバランスを保つ必要があります。「計画」を煮詰めすぎず「実行」に移す勇気を持つことが重要です。

『計画』を減らして、すぐに『実行』する」ことは、タイムマネジメントの重要な側面です。「完璧な計画」は存在しません。「十分」な準備が整ったら「実行」に移すことで、私たちは目標に向かって前進し、実際の結果を得ることができます。「計画」を立てるために費やしていた過度な時間を、より生産的なタスクに割くこともできます。そして私たちの時間とエネルギーを最大限活用することができ、目標に近づくことができるのです。

## ❼ ×「ノーストレス」をあきらめて ◎**「上手にかわす」**

ストレスフリーな日々を夢見るのは、私も含めて多くの人に共通する願いかもしれません。しかし、特にビジネスの世界では多くの課題と向き合い、様々な人々と交流し、期限に追われるなど、ストレスから完全に逃れることは不可能です。

そこでまず大切なのは**「ストレスのすべてが敵である」と見なさないことです**。適度なストレスであれば、パフォーマンスを向上させ、問題を解決しようする背中を押してくれることがあります。考えるべきなのはストレスそのものではなく、それをどのように対処するのかという点です。

自分の感情を理解し、その原因を把握することも重要です。ストレスの発生原因が何であるかを理解することで「どうやって取り除くか」「どう対応すべきか」を考えることができます。これは自己認識の一環であり、自身をより理解することにもつながります。

さらに、自分の時間とエネルギーを適切に管理することも必要です。「時間が足りない」「エネルギーが尽きる」といった状況に陥ると、ストレスを感じやすくなります。そのような時には、ストレスの対処を考える前に、仕事の効率を向上させる方法を探すことが求められます。

そして何より、自分自身を大切にすることを忘れないでください。適度な休息とリラクゼーションは、ストレスをかわすうえで必要不可欠です。1日の終わりにリラックスする時間を設けたり、週末を自分自身のために使ったりすることで、ストレスと上手につきあえるようになります。

最後に、ストレスを「上手にかわす」ためのツールとして、マインドフルネスや深呼吸、軽い運動を取り入れてください。瞬時にストレスレベルを下げ、心と体をリセットするのに役立ちます。

「ノーストレス」をあきらめて「上手にかわす」ことを目指すことが、超タイパ仕事術を実践するうえで求められるマインドセットのひとつです。

コラム 6

## タスクの優先順位づけを徹底して業績が1・3倍に（金融業界　30代社員）

　クライアント各社で「仕事の無駄」を省き、タイパの高い仕事を実践している優秀な社員がいます。その中のひとりが、最速で結果を出した金融業界の30代社員です。彼女は、タスクの優先順位づけを徹底し、支店の営業成績を前年比1・3倍に押し上げました。

　彼女が抱えていた課題は「何から手をつければいいのかわからない」というものでした。タスクを一覧化し、重要度と緊急度を評価する「アイゼンハワーマトリックス」を用いて、それぞれの優先順位をつけました。その結果、迷う時間を省くことができたのです。

　彼女が行なった優先順位づけの成果は驚くべきものでした。周囲を巻き込み、チームの業績を急上昇させ、自身の仕事に対する満足度も大幅に向上したのです。所属する組織では、彼女の方法を参考に、ほかのメンバーも優先順位を明確にし、仕事の効率化を図るようになったのです。

　多くの仕事を抱え、何から手をつけていいのかわからないと感じている人にとって、「アイゼンハワーマトリックス」は非常に有効です。各タスクの重要度と緊急度を視覚的に捉えることができ、それによって優先順位をつけることが可能になります。

（「アイゼンハワーマトリックス」とは？）

時間管理の手法のひとつで、タスクの「緊急度」と「重要度」に基づいて優先順位をつける方法を提供します。このマトリックスは、アメリカの第34代大統領であるドワイト・D・アイゼンハワーが用いたとされる手法に由来しています。

マトリックスは2×2の格子で構成され、一方の軸に「緊急度」、もう一方の軸に「重要度」を配置します。これにより、次の４つのカテゴリーが形成されます。

・緊急かつ重要（直ちに行なうべきタスク）
・緊急だが重要でない（他人に委託できるタスク）
・緊急でないが重要（スケジュールを立てて行なうべきタスク）
・緊急でも重要でもない（必要なければ省くべきタスク）

これを使用することで、どのタスクを優先して行なうべきか、どのタスクは後回しにしても問題ないのかを視覚的に理解でき、効率的な時間管理を行なえるようになります。

## 5 プレゼン・営業・発表

プレゼンでは、時に発表することが目的となってしまい、相手を置き去りにしてしまうことがあります。自分が伝えることに終始し、相手の反応を見落としてしまうことで、自己満足のプレゼンに終わってしまうのです。

**しかし、ちょっとした工夫により、思いどおりに〝相手を動かす〟プレゼンが可能です。例えば、一方的に説明するのではなく、質問して相手を〝巻き込み〟ながらプレゼンをすれば、相手は当事者意識を持つようにより、結果的に「Ｙｅｓ」と言ってもらいやすくなります。**

ここでは、各社の行動実験をもとに導き出した、自己満足で無駄な「プレゼン・営業・発表」を改めるための具体的な方法を紹介します。

### ❶ ×「伝達する」のではなく◎**「行動を促す」**

「伝達する」だけのプレゼンは、聞き手の理解を深めるよりも、情報を一方的に押しつけてしまいます。その結果、聞き手は情報を聞き流すだけで終わり、自身で考えたり、質問したりする気にはなれません。聞き手が受け取った情報を腹落ちし、自分の行動や意思決定にどのように活用できるのかを考えてもらうことは難しいでしょう。

また「伝達する」だけのプレゼンは、情報が過剰になる傾向があります。聞き手はメッセージの主旨を見失いやすく、プレゼンを聞いてどのように反応すべきなのか、どれが本当に自分にとって有益な情報であったのかを理解しにくくなってしまいます。

例えば、新しいプロジェクトを発表するとしましょう。そのプロジェクトがなぜ重要であるのか、それによって何が提供されるのかを明確にしないと、聞き手はそのプロジェクトに対する理解を深めることができず、無駄なものになってしまうのです。

**優秀な人は、聞き手が主役であることを心にとめて、相手の「行動を促す」ための話し方や情報の提示に長けています。聞き手の気持ちを理解し、具体的な利益や体験をイメージしやすく伝えるのです。**そのような「行動を促す」テクニックは、多くのビジネスパーソンが真似することができます。

実際に2万1000人のビジネスパーソンと行なった行動実験のうち、再現性が高かったプレゼンの手法を３つ紹介します。

**（1／ストーリーテリング）**

聞き手は情報よりも物語に引きつけられます。商品やサービスの機能を並び立てて紹介するのではなく、それがどのように聞き手の生活を変え、どんな価値を提供するのかを〝ストーリーで描く〟のです。そうすると記憶に残りやすく、行動を促すことができます。例えば「このスマホは24時間バッテリーが持つ」という情報よりも「バッテリー切れの心配からあなたは解放されて自由に行動ができる」というストーリーのほうが、より強く記憶に残ります。

**（2／具体的な効果の提示）**

曖昧な表現よりも具体的な効果を示したほうが聞き手に響きます。「あなたの生活をより便利にする」という一般的な表現よりも「5分で料理ができる便利なキッチンツール」という具体的な表現のほうが、聞き手はその商品を導入すると自分の生活がどのように変わるのかが想像しやすくなります。

**(3／視覚的な情報の提示)**

言葉によってイメージを想起させることで印象に残りやすくなります。例えば、商品の見た目、色、形状、またはそれがどのように使用されるのかを示す写真やビデオを使用すると、聞き手は具体的に理解できるのです。例えば、社内で会議改革を促す場合、会議後に参加者が満足している様子をイメージさせましょう。そうすれば、聞き手は「やってみよう！」となるのです。

これらのテクニックは、重要なことが聞き手に伝わり、行動を引き出す＝「行動を促す」ことにつながります。ぜひ実践してみてください。

## ❷「導入」ではなく「定着」を目指す

「導入」しても結果が伴わない製品、サービス、制度でも、聞き手のアクションが継続＝「定着」することで効果が生まれることもあります。そのような「定着」を目指すためにはどうすればよいのでしょうか。

そもそも、プレゼンされる側の聞き手は、直面している課題の解決策をただ提示されても、それが自分に適応できなければ意味がないと考えます。したがって解決策を「導入」するだけのプランを提示しても、聞き手の目的を達成することが難しくなります。

「導入」を目指すだけのプレゼンは一方的な伝達になりがちで、聞き手が対話しようとしたりフィードバックを戻したりする意欲は生まれません。

その結果、聞き手は当事者意識を持たず、抱えている問題をどのように解決するのかが伝わりにくく、顧客が導入の意思決定を下すことは望めないでしょう。

一方、**優秀な人が実践している「定着」を目的としたプレゼンは、聞き手が抱える課題を理解することに努め、そのうえで解決策をどのように展開し、定着させるのかを具体的に示します。**

加えて、解決策がいかに優れていても、それを定着させるためのサポートや教育がなければ、解決の効果が継続しにくくなります。例えば、使い方を学ぶ機会を積極的に設けるなど、聞き手が安心して解決策を展開・定着できるサポート体制を整えることも重要です。

以上のような視点をふまえたプレゼン、営業、発表を行なうと、聞き手との関係性は深まり、より長く「定着」させることが可能になります。これを実現するためには、時間とエネルギーを必要とします。しかし、強力な関係を維持できれば、結果的に成果を出し続けることが可能になるでしょう。

## ❸ ×「検討」ではなく◎「その場で決定」する

プレゼンの最後で「検討してください」という言葉をよく耳にします。しかし、それでは聞き手の明確なアクションを引き出すことが難しいでしょう。曖昧な依頼をしてしまうと、再度のフォローアップや意志確認の時間を設ける必要も出てきてしまいます。

その結果、改めて打ち合わせなどの機会を作らなければならず、双方にとって追加の時間を割くことになってしまうのです。ほかの重要な仕事が滞る原因にもなりかねません。

そんな「検討してください」が生む、双方の無駄をなくすためには、明確な期日と具体的なアクションを提示することが重要です。「○○日までに△△を調査し、結果を報告してください」と具体的に依頼することで、聞き手はいつまでに何をすべきかが、はっきりと理解できます。この〝ひと手間〟が、後で起こる誤解や無駄な時間を省くことにつながります。

期限付きの依頼をするのも効果的ですが、**究極の目標は「その場で決定してもらう」こと。**これには、ふたつの大きなメリットがあります。ひとつは、**すぐに解決策を展開でき、いち早く価値を感じてもらうことができること。**もうひとつは、**たとえ採用してもらえなかった場合でも、その後の改善に向けたフィードバックをすぐにもらえること**です。

そのように「その場で決定してもらう」ことを実現するためには、いくつかの工夫が必要です。そのひとつとして挙げられるのが、具体的な行動をプレゼンの際に示すこと。例えば、商品のデモンストレーションを行ない、その場で商品を試してもらうといった「体験」を提供すると、顧客は製品の価値を理解しやすくなります。

さらに、その場で決定しやすくするためには、課題解決につながる情報を明確に伝えて、聞き手が持つ疑問点をすぐに解消してあげるのです。なぜなら、人は不確実性を嫌い、それがなくなると行動に移しやすいからです。したがってプレゼンでは、聞き手に質問してもらう時間を設けて、回答できるように準備しましょう。

その場での決定を促すテクニックとして、限定的なオファーを提供することも有効です。例えば「今すぐに決定すれば特別な価格やサービスを提供します」といった具体的なインセンティブは、その場での決定を促す効果があります。

ビジネスにおけるプレゼン、営業、発表といった活動には信頼関係も必要です。提案内容はもちろん、あなたに対する信頼を高めることができれば、継続して成果を出しやすくなるでしょう。

## ❹ 「提案する」だけでなく「巻き込む」

提案は往々にして、一方的に自分の考えを伝え、聞き手を納得させるという行為になりがちです。そのような「伝える」「納得させる」ことに主眼を置きすぎてしまう結果、相手を単なる「情報の受け手」として見なしてしまい、本当はどんなことに興味を抱いているのか、提案に対してどのような意見を持っているのかが見えにくくなってしまいます。

そのような状況に陥らないためには「提案する」のをやめて「巻き込む」ことを目指すべきです。相手を積極的に関与させ、自身の意見やアイデアを表現してもらえるようにしましょう。そうすれば、相手の意見を反映した、より魅力的で説得力のある提案になり、結果的には受け入れられやすくなるからです。

顧客を「巻き込む」ためには、例えば自分の提案についての基本的なアイデアや仮説を共有して、相手に意見を求めます。これにより、相手の述べた意見を反映させることができ、提案内容が〝共同作品〟となるのです。

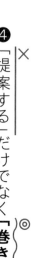

相手の視点を理解し、それに対応した提案を用意しておくことも「巻き込む」ためには欠かせません。相手の関心や問題点を把握し、それを解決するための方法をプレゼンすれば、相手は自分の課題が解決されることを具体的にイメージすることができ、提案に対して積極的に関与するようになるでしょう。

さらに相手を「巻き込む」プロセスでは、相手がどう反応するのかをしっかり観察し、それに応じて話し方を調整することも重要です。聞き手が興味を示している部分を強調したり、懸念を示している部分について丁寧に説明したりすることで共有されやすくなり、前向きに参加してもらえるようになります。

このように**プレゼンの姿勢を「提案する」から「巻き込む」へシフトすることで、聞き手は協力者となり、受け入れてもらえる可能性が高まります。**また、聞き手の反応を注視することで、プレゼン力が磨かれていきます。

## ❺「解決策の提示」をやめて「共創」する

プレゼンによって解決策を提示して情報を伝達する行為は、目の前の問題解決に役立つかもしれませんが、それが最善の手段であるとは限りません。また、提示する側の考えや仮説を、相手が十分に理解していないと、混乱や誤解を招く可能性もあります。双方にとって時間の無駄を生じさせてしまうことにもなりかねません。

そのような状況に陥ってしまった一例として、とある大手小売業のケースを紹介します。18名の営業チームで、新商品の販売戦略を立てるために会議を開きました。会議の最中、ひとりのマネージャーが自分の考えた販売戦略を提示し、最善の方法だと主張したのです。その時の彼は、ほかのメンバーの意見を求めることはありませんでした。その結果「戦略が自分たちの現場に適しているのか」「実行するうえでどのような難しさがあるのか」などについて、営業チーム内で共有する機会を持てなかったといいます。

マネージャーが提案した戦略が実行されるとすぐに欠品が生じ、その対応にメンバーたちが追われてしまい、本来の営業活動に時間を割くことができませんでした。戦略を提示した際、マネージャーがメンバーからの意見をしっかり聞いていれば、適切な準備によって欠品は回避でき、無駄な時間を割かずにすんだかもしれません。

以上の例からわかるように、解決策を提示して情報を伝達するだけの行為は、後により大きな無駄を生み出す可能性があります。

そのため、**一方が「解決を提示する」のではなく、一緒に「解決策を共創する」ことを心がけるべきです。相手の意見や提案を尊重し、フラットな立場で一緒に考えることで、より適した解決策を見つけられます。**

「共創する」ための具体的な方法としては、相手の課題や目標を深く理解することから始めます。まずは、一緒に問題を理解し、その背後にある根本的な要因を探っていきます。また、相手の視点を理解することで、自身の提案が実際の問題に対して適切で効果的であるかどうかを確認することができます。

相手のフィードバックとアイデアを積極的に求めることも共創には必要です。相手の視点からの洞察は、自身の視野を広げ、新たな解決策を見つけることにもつながります。年配の同僚たちから意見を聞いて実行すれば、その人たちの当事者意識は高まるのです。

重要なのは、相手を〝協力パートナー〟であると考えて、同じ目線で解決策を見つけることです。そのように歩み寄りながら「共創する」ことで、最短距離で解決策にたどり着くことができます。

コラム 7

## 「すいません」を「ありがとう」に変えてトップセールスに（IT企業　30代社員）

IT企業で営業職を務める30代の男性は、口ぐせで発していた「すいません」という言葉を「ありがとう」に変えることで、顧客との関係を良好にし、仕事のパフォーマンスを向上させることができました。

彼が「すいません」を使う場面は様々でした。例えば、顧客を訪問した時の第一声や、顧客から問い合わせがあった時など、謝る必要がないケースでも、いつも「すいません」を口にしてしまっていました。しかしある時から、それらの行為に対して、あえて「ありがとう」と伝えるようにしました。

例えば、商品の説明をする際は「時間を取らせてしまい、すいません」という言葉を「お時間をいただき、ありがとうございます」と変えました。同じく、顧客からの問い合わせがあった時には「すいません、確認します」から「ご意見をいただき、ありがとうございます。確認します」というように変えたのです。

それらの変化は小さなものかもしれません。しかし、感謝や尊重を表現したポジティブな言葉遣いが、顧客とのコミュニケーションをスムーズにしていき、顧客の表情が明るくなったことを感じられるようになるなど、彼にとっては大きな成果が生まれました。

彼はこうして、相手の反応を観察するようになりました。反応に合わせて対話することを意識するようにした結果、彼はより良好な関係を築けるようになったといいます。こうした関係構築は数字に表れます。2019年から3年連続で営業成績トップに躍り出たのです。特に顕著だったのは「追加発注率」と「紹介数」です。

売り上げ目標を達成し続けるには、各顧客当たりの売り上げとともに、新たな顧客の数を着実に増やしていかないといけません。コミュニケーションをポジティブなものにしたことで、顧客の中で彼のファンが増えて「一緒に仕事をしたい」「彼を応援したい」といった声が彼の上司にまで届くようになりました。顧客との関係性が深まっていった結果が「追加発注率」と「紹介数」の増加につながったそうです。

２０２２年における彼の売り上げは、68％が既存顧客からの追加発注であり、年に10社以上の新規顧客は既存顧客からの紹介によるものとなりました。

もちろん、挨拶の言葉を変えただけで、盤石な営業成績を築くことができたわけではありません。しかし、彼はこの経験から**「言葉は自分の思考や行動を形成する力がある」**ことを実感したといいます。

今では日々の仕事で使う言葉をより意識的に選び、ポジティブな言葉を発することで、自身のマインドセットや行動を向上させることに取り組んでいます。

さて、あなた自身の言葉遣いについても考えてみてください。日常的に使っている言葉は、あなた自身のパフォーマンスや人間関係にどのような影響を与えていますか？

言葉遣いを改善することで、飛び込み営業といった効率の悪いセールス活動をやめられるかもしれません。

## 6 キャリアの形成

キャリアを積み重ねることにおいても無駄をなくし、最短距離で目標を達成したいものです。ここで紹介するキャリアアップの無駄を絶つ方法は、当社クロスリバーのクライアント企業に所属する多くのビジネスパーソンに、年齢を問わず共感・評価していただいており、実践する人が続出しているものです。あなたも実践することで無駄が省けて、キャリアアップのスピードを格段に速められるはずです。

### ❶ ×「ワーク・ライフ・バランス」ではなく◎「ワーク・ライフ・ハーモニー」

仕事とそれ以外に費やす時間について、最適なつり合いを持たせる「ワーク・ライフ・バランス」という言葉が使われます。過度な仕事を抑制し、家庭や個人的な時間も大切にしようというメッセージとして用いられることが往々にして多いのですが、私はそのような考え方に賛同できない部分があります。

私自身、過度な仕事によって体調を崩し、会社に行けなくなった経験が2度ありました。働きすぎてしまった原因は、単に私が仕事に夢中になりすぎたからでした。しかし、プライベートも充実していました。

私の趣味は仕事そのものであり、そのために寝る時間すら忘れてしまうほどでした。例えば、最新のテクノロジーに触れることが趣味でしたので、仕事も趣味も充実していました。そんな状況で体調を崩したものの、2週間ほどの短い期間で回復できたことは、非常にラッキーだったと感じています。

こうした経験から「ワーク・ライフ・バランス」と過度な労働が直接関係しているとは考えていません。

私は「ワーク・ライフ・バランス」ではなく「ワーク・ライフ・ハーモニー」を目指しています。**ワークとライフを天秤にかけるような〝敵対するもの〟として捉えるのではなく、一緒に存在して調和するものと考えています。**

家族を重視する時間、介護や育児を行なう時間、勉強をする時間、自由を謳歌する時間、世界を一周する時間など、様々な要素から「人生の時間」が成り立っています。そのひとつを「ワーク」であると考えると、「ライフ」全体の満足度が上がると私は信じています。そのような視点を持ち、仕事と私生活への取り組み方やリソースの割き方を考えてみてください。

もちろん「ワーク」と「ライフ」のバランスを保つことは重要です。「ワーク」だけが増えすぎると、心と体を壊してしまったり家族との関係がおろそかになったりして「ライフ」が満たされなくなります。だからこそ、人生の中で「ワーク」と「ライフ」をハーモニーさせる意識を持ったほうがよいと考えるのです。そうすれば「ワーク」に無理な負担をかけることなく、キャリアアップを進めることができます。

## ❷ 「過去の栄光」を捨てて「現在」に集中する

キャリアアップを考えるうえで、過去の栄光を手放すことをおすすめします。過去の栄光に縛られることで、キャリアを阻害する次のような問題が生じると考えられます。

まず1つ目は「成長機会の喪失」です。多くの人は「自分はすばらしい結果を出してきた」「優れたスキルを持っている」という過去の事柄に基づく自己満足に陥りがちです。しかし、環境は常に変化していくもの。過去の栄光に固執することで、新たなスキルを学んだり、新しく挑戦をしたりする機会を逃してしまう可能性があります。

次に、過去の成功体験に縛られていると、新しい視点で物事を見ることが難しくなります。過去のやり方や考え方が正しいという固定観念にとらわれ、変化に対応する柔軟性を失ってしまいます。視点が固定されることで、新たなビジネスチャンスを見逃すだけでなく、周囲の人たちが成長している事実が見えなくなるのです。

また、過去の栄光にこだわることで、自身の存在価値を過去の成果に依存してしまうリスクもあります。自己肯定感が過去の成功に連動してしまうと、新たな挑戦や失敗が怖くなってしまいます。そして失敗が怖くて何もできないという衰退のスパイラルに陥ってしまうのです。

さらに、過去の成功体験にとらわれていると、周囲とのコミュニケーションにも悪影響が出てきます。過去の成功を誇示するスタンスだと、他人を見下すような話し方になりがちで、良好な人間関係を築けなくなってしまうのです。

**謙虚な姿勢を保つことは、過去の栄光に縛られずに前へ進むことにもつながります。過去の栄光を捨てて、周囲の人と同じ立ち位置でつきあうことにより、個人ではなくチームとして取り組むことができます。**

そのことをわかりやすくするために、機器メーカーの経費精算システムが新たに変わった時の事例を挙げましょう。ある時、翌月からは承認者を含めて新しい書式の経費精算書を提出しなければならなくなりました。そのことについて経理部から依頼のメールを送信したところ、従ってくれた社員はわずか11%。かつて花形であった経理部門で出世して課長になった50代の男性社員は、上から目線で〝命令口調〟の依頼を送ってしまい、従業員からドン引きされてしまったのです。

そこで、彼の上司に当たる女性部長がメールを送り直しました。女性の中で最も早く部長になった彼女は、腰が低く謙虚な姿勢で有名でした。彼女は、従業員に寄り添い、彼らのメリットを伝えようと考えて、次のメールを送ったのです。「新しい経費精算システムへ切り替えるのは、経理部が社員のためにより正確な計算を行なうことを目的としているからであり、そのためには社員全員の協力が必要」だと伝えると、応じてくれた社員は8倍に増え、約9割以上が協力してくれたそうです。

年を重ねると、自分では気づかずに〝上からものを言う〟ようになってしまい、周りのメンバーから敬遠されてしまいがちです。組織の中で「孤立化」してしまうと成長も限定的になります。そこで、そのような状況に陥らないように、次のようなマインドセットや振る舞いを心がけるようにしましょう。

**(1/自己開示というスキルを身につける)**

自分の弱みや困っていることを周囲に伝えることで、周りの人はあなたに共感し、親近感を覚えます。このような〝自己開示〟は人間関係を良好にする効果があります。

**(2/他者を助けることに前向きになる)**

先に誰かを助けると「あの人は協力的な人」だと感じられ、何かあったらあなたを助けようとする意識が生まれます。この相互作用によって良好な人間関係を維持できます。

**（3／がんばっていることをアピールしない）**

常に真剣で過剰にがんばりすぎると、周囲にプレッシャーを感じさせ、協力を得にくくなります。ここで大切なのはバランスです。

チームの目標を達成するための努力を惜しまない一方、あえてリラックスしている様子を見せるようにしましょう。ゆっくり話したりうなずいたりすることで、同僚から話しかけられる機会も増えるでしょう。時間と気持ちに余裕がある人には人が集まります。

以上のマインドセットや振る舞いを身につけることで、周囲からの協力をより得やすい状況を作れます。個人戦よりチーム戦のほうが複雑な課題を解決でき、それが自身のスキルアップにつながります。

## ❸AIを「拒む」のではなく「活用する」ことで無駄をさらに省く

ChatGPTをはじめとしたAIの進化は目覚ましく、私たちの日常生活や仕事に影響を及ぼし始めています。しかし「AIに仕事を奪われる」というネガティブな印象を抱くのではなく「AIを活用して無駄をさらに省く」ことにフォーカスしたほうが賢明です。

今やＡＩを駆使することで、多くの無駄を省けるようになりました。今後２０２５年までの間、ＡＩの活用によって多くのビジネスパーソンが大幅に効率化できる領域は４つあります。

１つ目は、メールやチャットのレスポンスです。それらのコミュニケーションツールは業務効率を上げるのに役立ちますが、レスポンスをするのに想定以上の時間を取られることがあります。しかしＡＩなら、過去のコミュニケーションデータを学習し、適切なレスポンスを予測・生成できます。例えば送信するメールの定型文をChatGPTに生成させることもできるのです。

２つ目に、データの解析と報告書の作成が挙げられます。それらの作業は手間がかかり、高度な専門知識を要しますが、ＡＩにまかせることができます。自動的にデータを解析し、報告書もまとめられます。専門家でなくても深いインサイトを得ることができるのです。

３つ目は、スケジュールの管理です。意外と時間がかかる会議の調整やスケジュールの確認も、ＡＩによるアシスタントで自動化できます。自分の時間を有効に使えるようになるでしょう。

４つ目としては、顧客対応が挙げられます。顧客からの問い合わせに対するレスポンスは、ビジネスにおける重要な対応のひとつですが、一件一件丁寧に向き合おうとすると膨大な時間が必要になります。しかしＡＩのチャットボットを活用すれば、一般的な問い合わせに対しては自動的に返信し、特殊な問い合わせだけを人間が対処する、という時間の効率化が図れます。

以上のことをふまえてＡＩを活用すれば、日々の業務における無駄を省けて、より生産的な時間を確保できます。こうして生み出された時間を、ほかのスキルを磨くことに使うことで、キャリアアップが加速するのです。

## ❹「出世」ではなく「選択肢」を増やす

多くの人がキャリアを考える時、まず思い浮かべるのが「出世」ではないでしょうか。昇進によって高い地位とそれに付随する給与を手に入れることが、成功と見なされる傾向があります。しかし、私は異なる視点を提案したいです。「出世することを目指す」のではなく、自身の「選択肢を増やす」ことを目指しましょう。

「選択肢を増やす」とは、自分自身のスキル、知識、経験、視点を広げることであり、より多くのチャンスを得やすくなることを意味します。つまり、自身のキャリアを「出世」だけに制限するのではなく、様々な道を探し出しましょう。

出世を追求しすぎると「自分が何をしたいのか」「自分にとって何が重要なのか」といった問いから目を逸らすことになります。それに対して「選択肢を増やす」ことを目指せば、自身の能力を最大限に活用できる領域を見つけやすく、「自分が主役のキャリア」を歩みやすくなります。

こうした選択肢を無駄なく増やすためには、自己のスキルや経験、強みを明確に理解し、それを生かせる環境や役割を自分で見つけようとする姿勢が大切です。
自身のことを深く理解すれば「何が得意なのか」「どのような状況で最高のパフォーマンスを発揮できるのか」を把握できるようになります。それは「自己理解」と呼ばれ、キャリアを形成する基盤となります。

さらに、自分の強みやスキルが市場に対してどんな価値を提供できるのかを把握する「市場理解」も重要です。まず「自分が何を得意としているのか」「どのような業務に働きがいを感じるのか」を明確にし、そのうえで、どんな業界やどのような職種で強みやスキルを生かせそうかを自分で調査します。キャリアエージェントを使って、自分を評価してもらうのもよいでしょう。

**自分のスキルが求められる市場を把握し、そこでどのように活躍できるのかを見極めながら、働く場所の選択肢を増やしていくのが賢明です。**

なお、可能性を広げるためにスキルを身につけようとした場合、心がけるべきなのは、自分が本当に興味のある分野や業務に焦点を当てることです。心から興味を持つことは、継続的な学びへの意欲を湧かせることにつながり、結果的に高いスキルを身につけることができます。

ほかにも、実践的なスキルの習得を重視することも重要です。知識を得ることは大切ではあるものの、実際の業務で活用できなければ意味がありません。例えば、新しいテクノロジーを学ぶ際は、それを活用した具体的なプロジェクトを探し、実際に足を運んで触れてみるのもよいでしょう。何を望み、何に興味があり、自分にとって強みと弱みは何かを正直に見つめ直すことは、キャリアにおいて選択肢を広げる一歩となります。

自分のキャリアを磨くうえでは、新たなスキルを身に付けるための時間を確保する必要があります。自分が日々の業務で費やした時間と成果を定期的に振り返りましょう。

その中で「がんばったけれど成果につながらないこと」を見つけ出して、それをやめてみてください。やめても問題が生じなければＯＫ。それで生み出された時間をスキルアップに使うのです。こうした時間の再配置でスキルアップができ、あなたの選択肢は増えていきます。

## ❺「専業」をやめて「副業」をする

社内で通用することばかりに固執すると、キャリアの道が狭くなります。社内の固定概念に縛られて特定の環境でしか通用しないスキルを持ってしまうと、自身の市場価値を上げていくことが困難になってしまうからです。

どんな企業でも特有の空気や習慣が存在します。在籍する社員は、それらにある程度適用する必要はありますが、過度に縛られてはなりません。なぜなら、新たな市場の動きや技術の進歩を速やかに察知することが難しくなり、企業が衰退すると自分の価値も失われてしまう可能性があるからです。

そのようなことを避けるためにも時間の使い方を見つめ直し、所属する企業の仕事ばかりに時間を費やすことをやめましょう。異なる視点やスキルを持つ人々との交流を通じて自身の視野を広げ、新たな知見を取り入れる時間を設けることが重要です。

「専業」をやめて「副業」にチャレンジすることは、新たな視点を取り入れられるだけでなく、今の働き方を大きく見直す〝きっかけ〟となります。ただ単に収入源を追加するのではなく、自身のキャリア、スキル、視野を広げるための絶好の機会となり得るのです。

副業を始めることで得られる大きなメリットのひとつは、自身のキャリア・パスをコントロールしやすくなることです。所属している企業を自己退社もしくは定年退職しても、自分の価値を発揮できる場所を見つけておけば、自分のキャリアをグリップ（掌握）できる可能性が高まります。副業の場合は自身で仕事を選び、スキルの磨き方や働き方も決められるなど、いわば〝キャリアや人生をデザインできる〟わけです。

**副業を通じて様々な経験を積むことは、新たなキャリアへの道を開くことにもなる**でしょう。例えば、副業として始めたブログが注目を集め、それが本業につながることもあります。また、副業で磨いたスキルが、将来的に自身のビジネスを立ち上げるきっかけになることもあります。

副業をするためには、本業がおろそかにならないよう、時間の管理を徹底しなければなりません。本業を複数持つ「複業」の働き方も視野に入れておくとよいでしょう。

私が経営するクロスリバーで働くためには、複業が必須条件になっています。様々なスペシャリティーを持つメンバー同士が集まり、一緒に学んでいます。優秀な人材を獲得でき、片手間ではなく本気で取り組んでくれるので、経営者としてもメリットがあります。

副業でも複業でも、現在の時間の使い方を見直すことからはじめてみてください。時間の割り当てを適切に行なうためには、自分がどんなことに時間を使っているのか、どのような活動が結果を生んでいるのかを、常に見つめ直すことが必要です。

## ❻「出社に固執」せず「どこでも働ける」ようにする

2020年から続くコロナ禍により、会社のオフィスには行かず、自宅、カフェ、コワーキングスペースといった場所で仕事をするテレワークが、すっかり身近なものになりました。

リモートワークやWFH（ワークフロムホーム）とも呼ばれる、いわば〝出社に頼らない〟働き方は、キャリアを広げる可能性を秘めています。例えば、**リモートワークを行なう場所として存在するシェアオフィスでは、自分が所属している企業や身を置いている業種とは異なる人も利用しています。シェアオフィスによっては利用者同士で自由に交流できるスペースが用意されており、ビジネスに対して意欲的な人との出会いが、新しい仕事やステップアップにつながることも期待できるでしょう。**

そんなワークスタイルで常に成果を出し続けるためには、時間の管理能力が求められます。出勤する場合は会社のオフィスに到着した時点から働く時間に切り替わります。

一方、テレワークでは、仕事とプライベートの境界を設けて、仕事に集中する時間を自らが作らなければなりません。

〝出社〟に固執せず、どこでも成果を出すためには、テクノロジーも不可欠です。高速のインターネット接続、ビデオ会議ツール、クラウドストレージ、プロジェクトの管理ツールなどを活用することで、どんな場所でもパフォーマンスを落とすことなく作業を続けられます。これらのツールは、メンバーとのコミュニケーションを円滑にし、お互いが離れた場所で働いていたとしても、組織の一体感を保つことができます。

テレワークに役立つテクノロジーは、時間の経過とともにアップデートされるのはもちろん、次々と新しいものも出てきます。そのような変化に対応できる柔軟性を磨くためには、何事においても学習する姿勢を持ち続けることが重要です。

〝出社に頼らない〟働き方は、仕事の場所や終了のタイミングなどを設定する自由度が高い分、生活リズムの乱れや運動不足などの問題が生じやすくなります。定期的に休憩を取り、適度に体を動かすなど、自分自身の健康管理にはより気を配るようにしましょう。自身の体と精神を健康な状態に保てれば、高いパフォーマンスを維持しやすくなります。

なお、成果を出せる〝働きやすい環境〟は人によって異なります。静かな場所で集中することが必要な人もいるでしょう。人々が行き交う場所のほうが新たなアイデアを出やすい人もいるでしょう。どこでもベストなパフォーマンスを発揮できるようにするのはもちろん、特に重要な仕事に向き合う時に備え、自分にとって作業効率を最も高められる環境を見つけることも重要です。

テレワークは、働き方の選択肢を広げる可能性があります。自身のペースで最高のパフォーマンスを発揮できる環境を整えて「どこでも」成果を出せるようにしましょう。

コラム 8

# 「よろしくお願いします」をやめて役員になった（通信業 50代管理職）

役員に昇進した通信業界の50代男性は、ビジネスの現場でよく使われる「よろしくお願いします」というフレーズを口にしないよう心がけていました。一見、小さなことに思える行動変化によって、顧客との関係性やチームメンバーとのコミュニケーションが大きく改善されたといいます。

「よろしくお願いします」という言葉は、相手への敬意を表現する時や、何かを頼む際によく使われます。しかし、彼はそのフレーズが、自分と相手との間に〝ある程度の距離〟を生むと感じていました。形式的かつ一方的な声掛けが相手に距離感を遠く感じさせてしまい、腹を割って話しにくいだろうと思ったからなのです。

そこで彼は「よろしくお願いします」という曖昧な要求ではなく、具体的な要望や期待を相手に伝えるようにしました。例えば、プロジェクトにおける初回のミーティングで、

彼は「プロジェクトを成功させるために、あなたの力を必要としています。私たちは一緒に問題を解決し、成功を追求するパートナーです」と言うようにしました。

商談の際は「この提案があなたの会社にとって価値をもたらすことを確信しています。具体的な成果を期待しています」と明確に伝えるようにしたのです。

この変化は、彼の周囲にいた人々の驚きと共感を引き出しました。彼のメンバーや顧客は「自分たちが何をすべきか」「何を期待されているのか」が明確になり、結果としてコミュニケーションがスムーズになったのです。彼のリーダーシップはより明確で直接的になり、周囲からの信頼と評価が上がりました。

また、彼自身も相手とのコミュニケーションがよりラクになり、自身の意見や期待をより正確に表現できるようになったと感じているようです。結果的に彼の能力は、会社全体から認められ、役員への昇進を果たすことができました。

「よろしくお願いします」をやめた彼が感じた、別のメリットについても触れておきましょう。それは、自分自身の考えや意図を具体的に表現することで、自分自身の思考がより明確になったという点です。彼は「自分が何を望んでいるのか」「何を期待しているのか」をはっきりと伝えることで、自分自身の考えが整理され、自己理解を深めることができたそうです。

このエピソードから学べるのは、**言葉を選ぶことの重要性だけではなく、自分自身の考えや感情をわかりやすく表現することが大事**だということです。そしてそのことは自己理解と自己成長を促し、周囲との良好な人間関係やキャリアの形成に結びつくでしょう。

言葉遣いやコミュニケーションの方法を見直し、自分が抱いている思考や意図をより具体的に表現してみてはいかがでしょうか。それがあなたの仕事の効率を上げ、人間関係を改善し、さらなる成功を引き寄せます。

第5章

# 最速で結果を出す組織の習慣

〈行動編②〉

チームの働き方を
見直すことも
タイパ向上の鍵！

第4章までに紹介してきた、無駄を絶つ〝超タイパ仕事術〟によって、成果を出せるようになった人々が多数います。実践しているクライアント企業の多くは、やめることが決められるようになり、生産性を高めることができました。中でも、調査対象者の上位3％ほどに相当する人たちは、改善の効果を特に感じています。

第5章では、個人ではなくチームが成功を継続させるための、5つの行動習慣について具体的に紹介します。いずれも成果を出し続けるチームに共通しているものです。

## 三遊間のゴロを拾う

チームメンバーの得意分野やスキルレベルに基づいて役割分担を行なうと、タイパが上がります。一人ひとりが理解した自分の役割を全うすることで、チーム全体の生産性を高めることができるのです。

そして、**チームが成果を出し続けるために最も必要なのは「枠から外れた仕事」を率先して行なう文化です。**明確になっている個々人の役割だけに固執せず、必要であれば自らが率先してほかのメンバーをサポートするとともに、誰にも当てはまらないような突発的なタスクを自発的に引き受ける状態になっている強い組織が理想的です。

あるソフトウェア会社では、開発者自身が率先して顧客対応を行なう取り組みを実施しています。もともと彼らの主な役割はソフトウェアのコーディングですが、会社として誰も手をつけられなかった難しいトラブルを解決したことで、結果的に営業部門と顧客サポート部門を助けることになりました。これにより、部門間の関係が良くなり、製品開発や業務改善のプロジェクトがうまく機能するようになったそうです。

この行動は、例えば遊撃手のほうに転がったボールでも、先に対処できそうなら三塁手が捕球するという「三遊間のゴロを拾う」概念を、まさに体現したものです。

チームの目標達成に貢献すべく、メンバー同士が自発的に行動することによって、組織全体の柔軟性が向上し、急な変化や新たな課題にも迅速に対応できるようになります。このような「三遊間のゴロを拾う」文化は、組織としての成果を最大化し、継続的な成長を支えることになります。

## フィードバックをする

他者からのフィードバックは個々人の成長を促進し、チーム全体のパフォーマンスを向上させます。フィードバックの文化を浸透させるには、お互いの意見を尊重し、素直に受け入れる風土を作る必要があります。

中堅の広告代理店では、プロジェクトの終了後に全スタッフが参加する「内省会」を行なっています。プロジェクトの成功点と課題点を全員で共有するとともに、それぞれが自由に意見を述べる時間を設けているのです。その結果、他部門からのフィードバックが自然と生まれるようになりました。それをもとに改善点を見つけて対処するという、質の高い学習サイクルを回すことができています。

また、あるIT企業では定期的に行なわれるパフォーマンスレビューの際に、フィードバックを求める制度を導入しています。部下からのフィードバックを受け入れることで、上司自身の管理スタイルを改めるきっかけとなるのです。

攻撃的な言葉を使ったフィードバックを避けるために「改善点」ではなく「Motto（もっと）」という名称にして、「Motto（もっと）」やってもらいたいことをフィードバックするようにしています。

フィードバックは個々のメンバーだけでなく、組織全体の成長にも寄与します。**それぞれが自身の考えを率直に表現し、それが組織全体の改善に生かされることで、チームとしての学習速度が加速し、結果としてさらなる成果を出し続けることができるのです。**

## 「学び方改革」をする

個々の社員が主体的にスキルや知識を獲得し、組織全体が学習の環境を整備する取り組みのことを「学び方改革」といいます。

これを実行するためには、まずは個々のメンバーが、必要なスキルを自分で考え、その習得に向けて自発的に学習機会をつかみ取る動機づけが必要です。

ある小売業の中堅企業では、自己啓発を推進するための制度を導入しました。社員がオンラインコースを受講するための時間や費用を提供しています。つまり、一律の研修プログラムを提供しているのではなく、新たなスキルや知識を獲得する機会を提供しているのです。この取り組みによって、社員は最新の技術やビジネスの知識を吸収し続け、以前の研修よりも受講者の満足度と行動意欲度が上がりました。結果として、同社における20〜30代の離職率低下にもつながっています。

また、ある大手の製菓会社では、従来のトップダウン式の教育から、自律的な学習へとシフトしました。製造現場のスタッフが自らの業務改善案を発表し、それを実際に試行する機会を設けています。自律学習で習得したデザイン思考を現場に持ち込み、製造現場全体の業務改善に生かすこともできるようになりました。

これらの取り組みは、ただ知識を蓄積するだけでなく、それを実践の場に活用する能力を養うことにつながっています。また、個々の学習体験は組織内で共有され、それが新たな知識やスキルの獲得にもつながっているのです。

以上のようなことをふまえて、**組織のメンバーは常に新しいことを学び、それを実際の業務に反映させる「自律学習」を実践しましょう。**そうすれば、組織は継続的に成長し、変化する環境に対応していくことができるはずです。これこそが、結果を出し続ける組織に共通する「学び方改革」の本質といえるでしょう。

## 他部門とのチームビルディングを行なう

800社以上のうち、成果を出し続けている組織は、いずれも部門間の連携に力を入れています。組織の壁を越えた交流により、多様な視点からのアイデアや意見を引き出し、職責から外れた「三遊間のゴロ」を拾えるようになります。

ある中堅の住宅メーカーでは、営業部門と製造部門の各メンバーが、両者の間に〝情報のギャップ〟を感じていました。営業部門のもとに届く「顧客からの声」と、製造部門が抱える「現場の課題」が、十分に共有されていなかったのです。そこで、両部門の定期的な情報交換会を設け、お互いの課題や新たな取り組みを共有するようにしました。その結果、顧客ニーズに合わせた製品改良の提案や、どの部門も着手できていなかった社内会議の改革を行なうことができ、企業全体の効率も成果もアップしました。

ある外資系IT企業では、技術部門とマーケティング部門が、共同でミーティングを行なうようになりました。技術部門の深い専門知識により、マーケティング部門のオペレーションの自動化に成功しています。また、マーケティング部門が作り上げた企画書の雛形を技術部門の仕様書に活用したところ、作成時間が2割以上減少したのです。

これらの例からもわかるように、**他部門とのチームビルディングは、組織全体のアウトプットの質とスピードアップにつながります。**

## セカンドチャンスを与える

何もトライせずに現状維持を狙っていたら、成果を出し続けることはできません。安定して成果を出し続ける組織は、失敗の先に成功があることを理解しています。一度の失敗を終わりとせずに、その経験から学び、成長を続けるための環境を提供するという考え方を持っているのです。

中堅中小規模の旅行会社では、新サービスの開発プロジェクトが結果を出せなかった場合でも、担当したチームを解散せずに続投させ、新たな別のプロジェクトに挑戦させています。これは、失敗したプロジェクトから得られる学びが、次回に生かされると考えているからです。

結果として、失敗したプロジェクトのチームはそれ以降、プロジェクトで成功を収めることが多くなりました。

金融系サービスのベンチャー企業では、新たなサービスのリリースがユーザーの期待に応えられなかった時でも、開発チームに対して改善の機会を与えています。ユーザーからのフィードバックをもとに問題点を洗い出し、次のリリースに生かすためです。これにより、サービス品質が向上することにもつながったそうです。

これらの取り組みは、失敗を許容する組織の文化を育みます。**失敗は学びと成長の機会であり、それを通じて組織全体が向上するという考え方です。**

そのため「セカンドチャンス」を提供することは、組織が継続的に成果を出し続けるためには必要なのです。

# おわりに

最後までトゥギャザーいただき、ありがとうございました!

無駄を絶つための考え方とともに、具体的な手法や成功事例を知り「どれかひとつでもやってみよう」と思っていただけたらうれしいです。

それがたとえ、わずかな一歩でも、非常に大切なことです。なぜなら、その一歩が、自分の働き方を変えるための一歩になるからです。

毎日、無意識のうちに様々な無駄を生み出しています。それは、不要な会議に参加することであったり、必要以上にニュースやSNSをチェックしてしまうことであったりします。そのようなことは、我々が本来達成したい目標に向かうための時間を奪い、結果として、自身の成果と評価を低下させてしまいます。

だからこそ、無駄をやめる習慣を身につけ、仕事のタイパを高めることが必要なのです。

自分が本当に達成したいことに集中するために、無駄に過ごしていた時間を有意義なことに使い、目の前の小さな問題に追われることをやめて大きな視点で物事を考えるようにしましょう。

なお、タイパの高い仕事に結びつく無駄を絶つ習慣は、一度で身につくものではありません。日々の積み重ねによって形成されるものです。本書にある無駄を絶つ方法が、一度や二度、うまくいかなかったら、ほかの方法を試してみてください。「うまくいかないこと」はむしろ、成長のための貴重な学びとなるはずです。

本書を読んで、少しでも仕事の無駄について考えるきっかけになったらうれしいです。そして、それが皆さんの人生をより良いものに変える一助となれば幸いです。

**何かを「ちょい足し」するのでなく、無駄を「ちょい減らし」することを、生活の中で心がけてみましょう。**それが、自分の時間を自身のために使う、本当の意味での「時間の自由」を手に入れる第一歩となります。これからも、皆さんが自分自身の時間を大切に過ごせるよう願っています。

皆さんが、タイパの高い仕事術が実践できるよう、ビジネストレンドメディアの雑誌『DIME（ダイム）』とWebサイト『@DIME（アットダイム）』では「ショートカット仕事術」の連載をしています。参考にしてください。また、無料の音声サービス「Voicy（ボイシー）」では毎日20分の放送をしていますので、ぜひリッスンしてみてください。

読んで終わりではなく、行動を起こして無駄なことをやめていきましょう。そして自らの手で時間を生み出して、自分が主役の人生を楽しみましょう！

大丈夫、大丈夫です。あなたは本書を読み終えることができたのだから、無駄をやめてタイパ仕事術を習得できますよ！　全力で応援しています。

Profile

**越川慎司**（こしかわ・しんじ）

**株式会社クロスリバー代表取締役**

国内通信会社に勤務、ITベンチャーの起業を経て、2005年にマイクロソフト本社に入社。のちに業務執行役員としてPowerPointやExcel、Microsoft Teamsなどの事業責任者。2017年に株式会社クロスリバーを設立。世界各地に分散したメンバーが週休3日・リモートワーク・複業（専業禁止）をしながら800社以上の働き方改革を支援。各企業・団体のアドバイザー。フジテレビ系列『ホンマでっか!?TV』などメディア出演多数。著書26冊『AI分析でわかったトップ5%社員の習慣』（ディスカヴァー・トゥエンティワン刊）など世界各地でベストセラーに。オンライン講演および講座は年間400件以上、受講者満足度は平均96%。

講演・講座のご依頼はこちらへ https://cross-river.co.jp/

**Voicyで仕事術やキャリアに関する放送をしています。**
**QRコードからぜひお聴きください。**

**「トップ5%社員の習慣ラジオ」**

最速で結果を出す

# 超タイパ仕事術

2023年11月11日　初版第1刷発行

| | |
|---|---|
| 発行人 | 大澤竜二 |
| 編集人 | 安田典人 |
| 編　集 | 田尻 健二郎（DIME編集室） |
| デザイン・図版 | 福野純平　酒井好乃（アイル企画） |

発行所　株式会社 小学館
〒101-8001
東京都千代田区一ツ橋2-3-1
電話　編集 03-3230-5930
　　　販売 03-5281-3555

印刷　萩原印刷株式会社
製本　株式会社若林製本工場

©SHOGAKUKAN 2023 Printed in Japan
ISBN978-4-09-389145-5

■造本には十分注意しておりますが、印刷、製本など製造上の不備がございましたら「制作局コールセンター」（フリーダイヤル0120-336-340）にご連絡ください。（電話受付は、土・日・祝休日を除く9時30分～17時30分）
■本書の無断での複写（コピー）、上演、放送等の二次利用、翻案等は、著作権法上の例外を除き禁じられています。本書の電子データ化などの無断複製は著作権法上の例外を除き禁じられています。代行業者等の第三者による本書の電子的複製も認められておりません。